청계천을 가꾸다

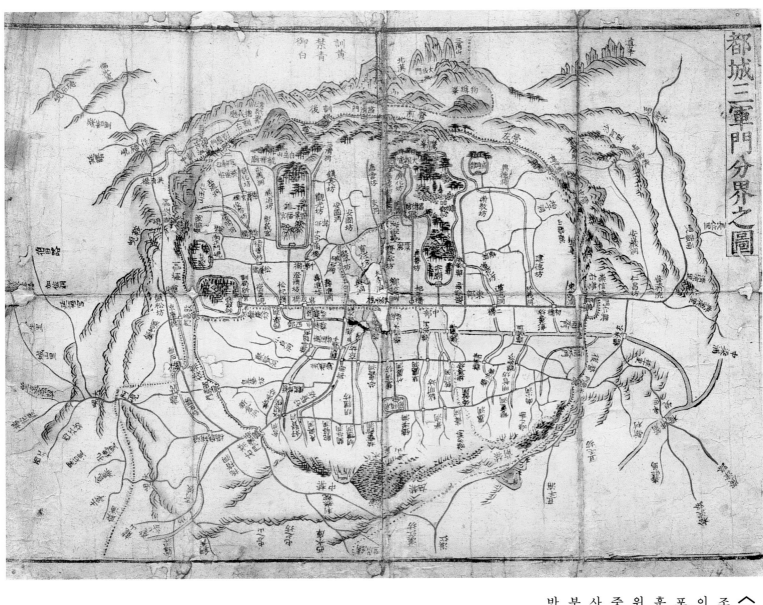

都城三軍門分界之圖

〈도성삼군문분계지도 都城三軍門分界之圖〉

조선 一七五○. 목판채색본. 32.3×40.5cm. 성신여자대학교 박물관.

이 지도는 병조에서 제작한 것으로 보이는 《수성책자守成冊子》 안에 포함되어 있는 것으로서, 임진왜란 이후 편성된 수도 방위군인 훈련도감, 금위영, 어영청의 삼군문三軍門이 수비해야 할 도성의 위치를 명시하고 있다. 특히 도성의 자연환경과 궁궐, 종묘宗廟 등 중요한 건물, 도로, 그리고 대천大川, 세천細川, 각종 교량과 사산四山의 위치까지 나타내고 있는데, 개천 물길이 군사·행정적 분계뿐만 아니라, 도성 안 도로나 건축 등 주요 도시계획에 반영되었음을 알 수 있다.

청계 청울 가꾸다

《준천계첩 濬川禊帖》 연구 국역 그리고 청계천의 역사

李海哲 編著

열화당

서문

내 천학비재淺學菲才의 몸으로 이 서문을 쓰면서도 왜 그런지 마음으로 편치 못하다.

왜냐하면 우리 겨레는 유구한 역사를 가졌고, 또 조상 대대로 높은 문화를 쌓아 왔음에도 불구하고, 지금은 우리 자신의 모든 것을 잃어버리고 있기 때문이다. 오늘의 우리들에게는 무엇보다도 민족의 역사관 정립이 급선무요, 그러기 위해서는 먼저 모든 분야의 국학國學 연구에 의하여 우리 겨레의 문화 전통을 학문적 기초 위에 세워야 하며, 따라서 우리의 옛 고전古典을 찾아 충분히 익히고 구명하면서 확고한 이론을 전개하고 발전시켜 나가야 한다고 생각한다.

《논어論語》〈헌문憲問〉편을 보면, 『옛날의 학문하는 사람은 자기 수양을 위해 하였는데, 오늘의 학문하는 사람은 남에게 알리기 위해 한다(古之學者 爲己 今之學者 爲人)』고 하였다. 이를 부연 설명하면, 위기爲己는 진리를 자기 몸에서 얻으려는 것이요, 위인爲人은 남에게 인정을 받고자 하는 것이다. 오늘날 우리는 현실적 이해 관계로 인해 자기의 존재에 대해 망각하거나 기피하는데, 다시 말해서 소유하는 것만으로는 인간의 참된 삶이나 그 보람에 도달할 수가 없는 것이다. 그래서 이러한 것들에 대한 선현先賢의 가르침이나 문학·사학·철학자들의 탁월한 사색과 인식에 힘입어야 될 줄로 안다.

내가 이 《준천계첩濬川楔帖》에 대한 연구와 국역을 착수하기 시작한 것은 거의 삼십 년 전이었고, 초고를 탈고한 지도 오래 되었다. 그 동안 학계 및 박물관 등 연구 기관에서 《준천계첩》에 대한 연구가 있어 왔고, 전시회도 여러 차례 행하였지만, 이 《준천계첩》 첫머리에 나오는 영조대왕의 어필어제서御筆御製序와 사언시四言詩 일장一章의 내용이 기껏해야 한자漢字 서른 자밖에 안 되는 글귀인데도 아직까지 제대로 국역하여 해설한 것을 볼 수 없었으니 여타餘他야 말해 무엇하겠는가.

때마침 二○○三년 七월 一일부터 서울특별시가 추진하는 청계천 복원 사업 계획이 나오고 공사도 진행 중이기에, 지난해 늦여름 열화당 이기웅 사장에게 이 《준천계첩》을 꺼내어

이야기했더니, 일언지하에 승낙하면서 출판을 맡겠다 하여, 이 서화첩이 처음으로 공개되고

세상에서 빛을 보게 된 것이다. 하여튼 이 책으로 상업적 이익을 추구하거나 남이 알아주는

일을 하는 것이 아닌데도, 우리의 전통문화를 건전하게 키우겠다는 이 사장의 뜻이

나로서는 참으로 고맙기 그지없다.

내가 이 《준천계첩》에 관하여 집필하여 특히 유의한 점은, 조선 초기부터 조선

말기까지의 도성都城 한가운데를 가로질러서 흐르는 개천開川과 준천濬川에 관계된 사실을

기술하되 대체로 연대순을 따라 썼고, 우리의 고전에 나오는 원문原文을 그대로 인용하여

국역을 하고 해설을 더한 것이다.

《논어》〈술이述而〉편을 보면 공자가 말하기를, 『전술傳述했을 뿐이고 창작하지 않았으며,

옛것을 믿고 좋아했다(述而不作 信而好古)』고 하였다. 공자는 저 방대한 육경六經(詩、書、禮、樂、

易、春秋)을 정리하고 찬술贊述하였으며, 옛 성왕聖王의 사상체계를 집대성하고 나아가서는

인도仁道 곧 인도주의人道主義의 구현具現을 위해 평생을 다하였다. 그러나 스스로

성인聖人으로 자처하지 않았을 뿐만 아니라, 감히 현인賢人으로도 드러내 놓고 말하지

않았으며, 그 공덕功德이 높아질수록 마음이 더욱 겸손해져서 자신도 그 말이 겸손한

것임을 알지 못하였다. 요즘 일부 우리나라 학자 가운데는 우리 선현들이 남긴 수많은 저서

중 원서原書 몇 권도 제대로 통독한 적이 없으면서도 몇 마디 용어를 가지고

견강부회牽强附會하여 해설하고, 외래어를 멋대로 사용해 가면서 수천 년에 이르는 위대한

철학자들도 풀지 못한 학설 등을, 동서고금을 넘나들면서, 그것도 단 몇 분 만에 자기

주장을 내세워 결론을 짓는 이들이 있다. 그러고서도 모자라서 무불통지無不通知한

지성인으로 자처하며, 뭇 사람들 앞에서 교언영색巧言令色으로 갈파하되 조금도

부끄러워하는 기색조차 없으니, 다가올 미래의 우리 사회를 생각할 때 한심하여 말문이

열리지 않는다. 《맹자孟子》〈공손추公孫丑〉상上을 보면, 맹자는 『수치심이나 악을 미워하는

마음이 없으면 사람이 아니다(無羞惡之心 非人也)』라고 하였다. 나를 포함해서 하는 말이지만,

오늘날 우리 사회에서는 교양의 외면적 중독자가 너무나 많다. 지식을 빼놓으면 남는

인격이나 인간성이 없는, 그런 교양인들이 넘쳐나고 있다.

새 세기를 맞아 아무리 첨단과학문명이 발달한다 해도, 인간의 자기반성 없이는 사회 가치

질서를 확립하기 어렵다는 것은 두말할 것도 없으며, 아무리 시대가 변하였다 하더라도

스스로에 대한 성찰을 망각한 삶은 창조적이고 뜻있는 삶이라 할 수 없다. 이제 우리는

겸손해져야 하며, 선현의 학문 정신을 더욱 계승 발전시켜 널리 배우고 더 나아가서 올바른

사람의 본성을 길러야 할 것이다.

이 책에 실린 영인影印과 국역國譯은, 내가 소장하고 있는, 영조英祖 三十六년(一七六〇) 어명御命에

의해 편찬된 《준천계첩》을 저본으로 삼았다. 본문 중 옛 문헌에서 직접 인용한 부분은

주註에 원문과 출처를 밝혀 두어 연구자들에게 도움을 주고자 했으며, 옛 문헌에서 그대로

인용한 한자漢字 어휘 등 어려운 용어는, 간주間註로 처리하여 괄호 안에 풀이를 달아

주었다. 또한 이 《준천계첩》을 중심으로 하여 〈개천과 준천〉 부분에 관하여 나로서는

최선을 기울였지만, 그래도 미진한 데가 많을 줄로 안다. 하지만 명확한 근거에 의하여 쓴

것이므로 독자들의 학문 연구와 교양에 다소나마 보탬이 되었으면 하는 것이 솔직한 내

소망이다.

끝으로 이 책의 출판을 맡아 준 열화당 이기웅 사장에게 진심으로 감사의 뜻을 표하며,

시종 원고 입력을 도와준 세종대왕기념사업회 심재명 연구원의 노고에 깊은 감사를 드린다.

二〇〇四년 三월

학해서장學海書莊에서 이해철李海哲 씀.

차례

준천濬川의 공역은 영조英祖의 치적 중에 가장 큰 사업이었다. 「준천」이란, 도성 한가운데를 서쪽에서 동쪽으로 가로지르는 개천開川(지금의 청계천) 바닥을 쳐내어, 물의 흐름을 원활히 소통시키는 하천 정비 사업을 말하며, 「계첩禊帖」은 중국 진晉나라 때 왕희지王羲之가 서문을 쓴 《난정첩蘭亭帖》의 별칭인데, 그 시첩詩帖 가운데 당시의 유명 인사 마흔한 명이 난정蘭亭에 모여 계연禊宴을 베풀었던 고사故事에서 유래된 말이다.

조선조 오백여 년을 통하여, 영명한 임금 중의 한 분인 영조는 재위 오십이 년 동안 큰 업적을 많이 남겼다. 백성의 부담을 경감시키기 위하여 균역법均役法을 제정하였고, 국가의 최대 폐풍인 당쟁을 타파하기 위하여 탕평책蕩平策을 썼으며, 가장 손꼽히는 치적으로는 백성을 위한 치수정책治水政策의 일환으로 준천 사업을 추진하여 성공리에 끝마친 일이었다.

영조는 경진년庚辰年(一七六○년, 영조 三十六년)의 준천 공역에 참여한 신료들과 함께 오래도록 이를 기념하고자 했다. 그리하여 당시 준천소 제조濬川所提調 겸 행호조판서行戶曹判書인 홍봉한洪鳳漢에게 명하여 《준천계첩濬川禊帖》을 찬진撰進케 하였으니, 내가 확인한 궁중행사도 가운데 어제어필서문御製御筆序文이나 발문跋文이 있고, 임금의 하명에 의해 제작된 계병契屏이나 계첩으로는 이 작품이 가장 이른 시기에 나온 것이며, 또한 관찬官撰 서화첩이란 점이 관심을 끈다.

《준천계첩》은 국내외 여러 박물관 등에서 저마다 다른 표제로 산재해 있다. 그러나 이번 기회에 내가 소장하고 있는 《준천계첩》이 원전原典 크기 그대로 영인되어, 명실상부하게 거의 이백오십 년 만에 재현되고, 원문 전체를 빠짐없이 연구 완역함으로써 그 동안 오역誤譯과 미진未盡했던 부분까지도 이해하는

데 도움을 주게 된 것은 여간 기쁜 일이 아니다.

이에 《준천계첩》의 편찬 간행 경위, 영인저본影印底本과 전본傳本에 대한 고찰, 그리고 계첩의 내용 등에 대한 설명을 더함으로써 이 영인본의 이용에 이바지하고자 한다.

一, 《준천계첩》의 편찬 간행 경위

영조 三十六년 四월에 편찬 간행된 이 계첩에 대해 당시의 준천소 제조 홍봉한의 발문에 의하면, 편찬 간행 목적을 이렇게 말하고 있다.

『경도京都의 천거川渠를 파서 통하게 한 것은 지난 세종世宗 때에 있었고, 중간에 수치修治한 것은 상고詳考할 수 없었는데, 근래에 내려오면서 메워지고 막혀서 백성의 근심거리가 되었으며 해가 갈수록 더욱 심해졌습니다. 그 형세가 준천을 하지 않을 수 없으며, 준천을 하지 않으면 그 해害를 진실로 말하기가 어려울 지경인데도 준천하는 일을 또한 쉽게 말할 수도 없었습니다. …다행하게도 성상聖上께서 뛰어난 계책을 미리 결정하시고, 모든 신료들의 계획이 임금의 뜻에 잘 순종하여 준천의 논의가 드디어 결의되었습니다. 신 등이 왕명王命을 받잡고 그 (준천하는) 역사役事를 동독董督(맡아서 감독함)한 것이 대략 육십 일에, 백성들은 서로 다투어 출역出役하기를 원하면서 남에게 뒤질세라 걱정하고, 하늘은 종일토록 비를 내리는 경우가 없어 서로 돕는 듯하였으니, …

임금께서 (친히) 동문東門(흥인문. 남쪽에 있는 오간수문)에서 역사를 관람하시고, 금원禁苑에서 궤선饋膳(饋饌. 賜饌. 임금이 음식을 내려 줌)하셨으며, 화관華館에서 시재試才하심은 매우 성대한 거사擧事였습니다.

신 등에게 역사를 동독한 여러 사람을 인솔하도록 명하시고, 연융대鍊戎臺에서 잔치를 베푸시니 성은이 지극히 우악優渥한데다, 어제시御製詩 사언일장四言一章을 신 등이 금원에 나아가 뵈올 때에 내려 주시어 받았습니다. …삼가 이 돌에 본떠서 이를 인쇄하고, 또 전후세 차례의 성대한 거사와 신 등의 연대鍊臺 모임을 그림으로 그려서, 제신諸臣의 성명姓名을 그 끝에 열서列書하여 화첩畵帖을 만들어 올리고, 또 각각 한 책씩을 간직하오니, 이 또한 성상의 하명을 받든 것입니다.』1)

이렇듯 개천을 준천하는 일이 어렵고 힘들었으나, 백성들의 자발적인 참여로 일시에 공역을 끝마쳤으며, 여기에는 영조의 높은 관심과 후원이 뒷받침되었음을 강조하였다. 그리고 《준천계첩》의 편찬은 왕명에 의한 것이며, 화첩의 그림 또한 임금의 하명을 받든 것임을 거듭 말하고 있다.

《준천계첩》의 차례는, 어제어필서문과 어제시 사언일장, 넉 장의 행사도行事圖, 준천소 관원의 명단과 위계의 차례를 적어 편집한 준천소 좌목濬川所座目, 발문으로 돼 있는데, 발문에서는 편찬 간행 경위와 목적을 앞의 인용 내용에서 볼 수 있는 것처럼 자세히 언급하였다.

二, 영인저본影印底本과 전본傳本의 종류

《준천계첩》의 전본은 국내외 여러 박물관에 각각 다른 표제로 산재해 있으며, 견본絹本과 지본紙本, 유형과 필치, 제자題字와 내용, 그림의 수와 화풍 등 여러 가지 형태로 다양하게 꾸며져 있다.

이 책의 영인저본은 비록 지본으로 장정된 책첩册帖이긴 하지만,

영조 三十六년 四월에 당시 행호조판서 홍봉한이 왕명을 받들어 찬진한 관찬 화첩으로 발문을 쓴 이의 성명과 제작연대를 파악할 수 있는 간기刊記가 뚜렷이 나타나 있고, 이 화첩을 통해 그 동안 확인하지 못했던 어제어필의 순서와 미진했던 내용에 대한 의문점, 준천 공역에 참여한 인원수 등 여러 가지 사실들을 상세히 알게 되었다는 점에서 참으로 다행한 일이 아닐 수 없다. 그리고 국내에 현존하는 소장본 중에서, 원형 그대로를 간직한 채 완전한 형태로 전하는 최초의 《준천계첩》이란 점에서 그 가치를 더해 준다.

이 책의 크기는 겉면 표지가 세로 三十五·五센티미터, 가로 二十四센티미터이고, 속면은 화면 가장자리의 사면四面을 감색 종이로 두른 것인데, 사면으로 회장回裝한 부분을 제외한 크기는 각 면마다 다소간의 차이는 있으나, 대략 세로 二十七센티미터에서

二十八센티미터, 가로 三十六센티미터에서 四十센티미터이며, 여러 장의 닥지(楮紙)를 붙인 후지厚紙를 사용하여 특수하게 제본하였다.

《준첩계첩》의 제작 배경에 대하여는 앞에서 언급한 바와 같지만, 계첩의 발문을 보면,

『…이 어제시 사언일장을 신 등이 금원에 나아가 뵈올 때에 내려 주시어 받았습니다. …삼가 이 돌에 본떠서 이를 인쇄하고, 또 전후 세 차례의 성대한 거사와 신 등의 연융대 모임을 그림으로 그려서 제신의 성명을 그 끝에 열서하여 화첩을 만들어 올리고, 또 각각 한 책씩을 간직하오니, 이 또한 성상의 하명을 받든 것입니다.』[2)]

하였고, 《영조실록》 〈영조 三十六년 四월 十六일(庚寅)〉조에는,

『임금이 춘당대春塘臺에 나아가 준천소 당상堂上과 낭청郎廳에게 시사試射를 행한 뒤에 잔치를 베풀어 주고, 이어서 친정親政(임금이 직접 행하는 人事行政)을 명하여, 도청都廳인 허급許汲과 원중회元重會에게 모두 가자加資(관원들이 임기가 찼거나 근무 성적이 좋은 경우 資級을 올려 주던 일)하고 내준천 당상內濬川堂上 홍낙성洪樂性에게도 또한 가자하였으며, 행사직行司直인 정여직鄭汝稷은 후전장전後箭帳箭 네 개를 맞혔다 하여 가자하였다. 이창의李昌誼, 홍계희洪啓禧는 품계가 보국輔國(보국숭록대부의 약칭)으로 주좌籌坐(籌議하는 자리)에 참여하기가 곤란하다고 사양하니, 임금이 그들의 말을 좇아 가자하지

앉았다.』3)

《준천사실濬川事實》에서도、

하였으며、

『四月 十六日 경인에 임금이 춘당대에 임어하여、 여러 당상관 이하 패장牌將에 이르기까지 불러 모아 시사를 하였다. 당상관은 후전으로 하였고、 도청과 낭청은 유엽전柳葉箭으로 하였으며、 패장은 기추騎芻로 (말을 달리며 표적인 허수아비 추를 향하여 활을 쏘는 일)하게 하였다. 시사가 끝난 후 상상賞을 나누어주고 어제 두 편을 내렸는데、 하나는 준천소 여러 신료의 그간의 공로를 치하하여 내려 준 것이고、 다른 하나는 입시入侍한 여러 신료들에게 갱진賡進(韻에 화답하여 올림)하게 한 것이다. 이윽고 또 궤찬饋饌을 내려 주었다.』4)

하였으니、 위의 기록들을 종합해 보면、 이 화첩은 영조의 지대한 관심과 뒷받침으로 제작된 것이며、 또한 영조의 하명에 따라 어제어필、 녁 장의 그림、 좌목、 발문을 지어 계첩을 만들어 진상하게 하고、 준천소 관원들도 한 벌씩 나누어 간직하였음을 알 수 있다.

그리고 발문에 기재된 두 편의 어제 중 하나는、 금원 춘당대에서 시사한 날 사연賜宴하는 자리에서 영조가 준천소 여러 당상관들에게 그간의 공로를 치하하여 내려 준、 이 《준천계첩》 첫머리에 실려 있는 어제사언시 한 편을 가리키는 것이며、 또 다른 하나는 이날의 사연에서 영조가 입시한 대신大臣、 시관試官、 준천 당상·승지承旨·사관史官 등에게 내려서 갱진케 한 사언시 한 편을 일컫는다.

《준천계첩》은 내가 갖고 있는 전본 이외에도 이 책첩에 관한 논문과 저서 등을 통해 여러 가지 종류가 있는 것이 널리 알려졌는데、 그 중에서 《조선시대 궁중기록화 연구》에 기재된 전본들에 관한 글을 인용해 보면 다음과 같다.

『《준천계첩》은 미국 버클리의 캘리포니아 대학교 동아시아 도서관 내의 아사미淺見倫太郎 소장(Asami Collection)、 부산시립박물관、 서울대학교 규장각、 호암미술관、 경남대학교 박물관、 서울역사박물관、 고려대학교 박물관 등에 저마다 다른 표제로 남아 있다. 이들 계첩은 내용상으로 볼 때 앞의 네 소장본처럼 녁 장의 그림이 수록된 것(A형)과 뒤의 세 소장본처럼 한 장의 그림이 수록된

1) 《濬川稧帖》〈跋文〉(이 책 六一쪽~六三쪽) 참조.

2) 《濬川稧帖》〈跋文〉、『此御製四言一章 臣等實受賜於禁苑進對之時 … 謹玆摹石而印之 又繪前後三盛擧 及臣等鍊臺之會 列書諸臣姓名於其末 作帖以進 又各藏一本 此亦承上命也』

3) 《英祖實錄》卷九十五、〈英祖 三十六年 四月 十六日(庚寅)〉條、『上御春塘臺 試射濬川堂郞後 賜宴 仍命親政 都廳許汲元重會並加資 內濬川堂上洪樂性亦加資 行司直鄭汝稷 以帿箭四中加資 李昌誼洪啓禧洪鳳漢 以輔國 難參籌坐 爲辭 上從其言 不爲加資』

4) 《濬川事實》五○쪽。『庚寅 上御春塘臺 召諸堂上以下 至牌將試射 堂上帿箭 都廳郞廳柳葉箭 牌將騎芻 射訖 頒賞 下御製二篇 一則賜濬川諸臣獎其勞 一則使入侍諸臣賡進 旣又饋饌…』

것(B형) 등 두 가지 유형으로 나뉜다. 두 유형의 준천계첩은 수록된 그림의 수와 화풍에서 현격한 차이를 드러내고, 좌목 및 어제의 내용이 서로 다르며, 재료에 있어서도 견본과 지본으로 차별화되어 있어서 애초에 서로 다른 집단에 의해 두 경로로 제작되었음을 시사한다. 그러면, 넉 장의 그림이 들어 있는 A형의 계첩 중에서 가장 보존 상태가 좋은 아사미 소장의 《준천계첩》을 중심으로 다른 소장본과의 관계 및 차이를 살펴보기로 하겠다. 이 계첩은

① 어제어필, ② 넉 장의 그림, ③ 좌목, ④ 발문 순으로 꾸며져 있는데, 그림의 바탕은 모두 비단이며, 어제는 흑지黑紙에 백분白粉으로 씌어졌고, 나머지 글씨 부분은 목판으로 인쇄되었다.」5)

그리고 이어서 《준천계첩》의 유형별 소장과 내용 구성의 도표를 붙였는데, 내가 갖고 있는 원본을 덧붙여 유형별 소장처, 화첩명, 재료, 제작연대 등을 더 넣어서 도표를 재구성하면 十三쪽과 같다. 그런데 내가 소장하고 있는 전본은 지본이고, 어제어필과 사언일장은 흑채黑彩를 한 바탕에 호분胡粉을 사용하여 쓴 것 같으며, 넉 장의 행사도는 목판에 그림을 새겨 종이 위에 인쇄하고 그 위에 색을 칠하였는데, 이는 여러 부수의 《준천계첩》을 똑같은 형태로 제작할 필요성 때문이었을 것이다. 채색으로 쓰인 물감은 진분眞粉, 삼록三碌(백록색의 도료), 이청二靑(일반 청색을 말하는바, 그 심도에 따라 三靑, 二靑, 一靑 또는 大靑이 있음), 삼청, 당주홍唐朱紅(붉은 빛깔의 중국산 도료),

청화靑花(푸른 물감의 한 가지), 동황同黃, 편연지片臙脂(붉은 물을 솜에 먹이어 말린 중국산 물감. 끓는 물에 담갔다가 그 물을 짜서 씀) 등 천연물감을 썼기 때문에 이백오십 년이 지난 오늘날에도 생생한 모습을 보이고 있으며, 나머지 부분은 목판으로 인쇄된 것이다.

三、《준천계첩》의 내용

十八세기 중엽 이후 궁중행사도의 제작 배경에 나타나는 일부 특징은 왕명에 의한 제작과 행사도를 궁중에 내입內入한 사실이다. 궁중행사도는 그림 제작을 주도한 관아官衙(관청)와 계원契員들의 집에 보관되는 것이 보통이었지만, 이 시기에 이르러서는 공식적으로 궁중에 내입되는 관행이 생기게 되었다.6) 영조 三十六년에 제작된 《준천계첩》은 그림의 내용을 임금이 친히 하명한 것이고, 어람御覽을 위하여 진헌進獻할 것도 명하였으니, 《승정원일기承政院日記》의 기록을 보면 다음과 같다.

『임금이 말하기를, 「도감都監은 자체의 계병契屛이 있어 왔으나, 이번 준천 공역의 계병稧屛은 있을 필요가 없다. 그리고 친림동문親臨東門 (水門上親臨觀役), 춘당시사春塘試射(暎花堂親臨賜饍), 훈융세초訓戎洗草 (鍊戎臺賜宴)는 도화서에서 화첩을 만들어 하나는 내입하고, 경 등도 각각 한 책씩 갖는 것이 좋을 듯하다」 하니, 홍봉한이 말하기를,

유형별 소장처 및 관련 사항 내용 구성	견본					지본		
	아사미 소장	부산시립 박물관	규장각	호암미술관	이해철 소장	경남대학교 박물관	서울역사 박물관	고려대학교 박물관
御製御筆	①	①		①	①			
水門上 親臨觀役圖（上觀役于東門圖）	②	②	①	②	②			
暎花堂 親臨賜饌圖（上饋饌于禁苑圖）	③	③	②	③	③	①	①	①
慕華館親 臨試才圖	④		③	④	④			
鍊戎臺 賜宴圖	⑤		④	⑤	⑤			
濬川所 座目	⑥	④		⑥	⑥			
跋	⑦				⑦			
濬川 堂郎聯句		⑤				②	②	②
入侍官員 賡進（題字）		⑥ 十六人				③ 二十七인	③ 九인	③ 二十七인
畵帖名（帖名）	濬川禊帖	御前濬川 題名帖	濬川試射 閱武圖	濬川帖	濬川禊帖	諸臣製進 圖帖	御製濬川 題名帖	濬川堂郎 試射聯句帖
材料	絹本彩色	絹本彩色	絹本彩色	絹本彩色	紙本彩色	紙本彩色	紙本彩色	紙本彩色
製作年代	一七六〇년	一七六〇년경	一七六〇년	一七六〇년경	一七六〇년	一七六〇년경	一七六〇년경	一七六〇년경
其他		낱장으로 분리되었음	낱장으로 분리되었음				그림 金喜誠 外	

《준천계첩》의 유형별 소장처와 내용 구성 및 화첩명, 재료, 제작연대.
（숫자는 화첩에 수록된 내용의 순서를 표시한 것임）.

5) 박정혜, 《조선시대 궁중기록화 연구》, 일지사, 二〇〇〇, 二八二쪽~二八四쪽.

6) 박정혜, 《조선시대 궁중기록화 연구》, 일지사, 二〇〇〇, 二六九쪽~二七一쪽.

7) 《承政院日記》第一二一〇, 《乾隆 二十五年(英祖 三十六年) 庚辰 四月 二十一日 乙未》, 『上曰 都監自有稧屏 今番濬川 則不必有稧屏 而親臨東門 春塘試射 訓戎洗草 圖畵作帖 一則內入 而卿等各持一本 似好矣 鳳漢曰 臣等亦有此意矣 啓禧曰 然則以製下御製韻爲首弁 其下圖畵 諸節爲屏 誠好矣 上曰 依爲之.』

8) 《承政院日記》第一二一〇, 《庚辰 四月 十六日 庚寅》, 『…上又曰 諸臣皆進前 仍下御製四言詩一章 令蔡濟恭讀之 一章則下洪鳳漢 濬川諸堂 摸本各置 此本則卿置之 一章則命入侍諸臣 賡進(以進).』

9) 《濬川事實》, 五〇쪽. 『射訖 頒賞 下御製二篇 一則賜濬川諸臣獎其勞 一則使入侍諸臣賡進 既又餽饌…。』

개천을 가꾸고 사연을 베풀어 화첩으로 기록하다

「신 등도 또한 그런 생각을 가지고 있었습니다」 하고, 홍계희가 아뢰기를, 「그렇다면 하사하신 어제운御製韻을 맨 앞에 배열하고, 그 밑에 제절제절諸節을 그려서 화병畵屛을 만드는 것이 참으로 좋겠습니다」 하니, 임금이 말하기를, 「아뢴 대로 하라」 하였다. 7)

이상과 같이 영조 이전에는, 임금이 친림한 사연이나 국가적인 경사스런 행사에 신료들이 참여한 후, 임금을 보필했다는 자긍심으로 계축契軸, 계첩, 계병으로 그려지는 궁중행사도를 관아와 소속 관원들이 보관하고 분배하였다. 그러나 어람을 위한 별도의 그림을 내입했다는 기록은 보이지 않았는데, 현재 남아 있는 궁중행사도 가운데서 영조 三十六년의 《준천계첩》만이 유일하게 임금이 그림의 제작을 직접 지시하고 진헌할 것을 명하여 제작된 것이다. 그리고 준천 공역이 끝난 뒤 도감에서 만드는 관례 대신에 실제 행사 장면들을 그린 화첩을 만들어서 한 벌은 내입하고, 준천소 당상도 한 책씩 나누어 갖도록 특별히 명하면서, 화첩을 꾸밀 때의 배열 순서와 그림의 내용까지도 언급하는 세심한 관심을 보인 것은 이전에 없었던 처음 있는 일이었다. 또 이러한 특명이 없었다면 여느 때와 마찬가지로 준천소 계병이 일률적으로 제작되었을 것이며, 그 내용도 행사도가 아닌 다른 주제가 되었을 가능성이 적지 않다.

내가 갖고 있는 《준천계첩》의 내용은, 간행 경위와 앞의 도표를 통해 이미 언급한 바이지만, 구체적으로 좀더 자세히 설명하면

다음과 같다. 우선 어제어필서문과 어제사언시 일장과 관련하여 《승정원일기》의 기록 내용을 보면,

『…임금이 또 말하기를, 「여러 신료들은 앞으로 나오라」 하고, 이어서 어제사언시 두 편을 내리면서 채제공蔡濟恭으로 하여금 읽게 하였다. 한 편은 홍봉한에게 하사하면서 이르기를, 「준천 제당諸堂 (준천소 여러 당상관)은 모본摸本하여 각각 비치하고, 이 원본은 경이 두도록 하며, 다른 한 편은 입시한 제신에게 명하여 갱운廣韻(韻에 화답함)하여 올리게 하라」 하였다.』 8)

하였고, 《준천사실》에서도

『시사가 끝난 후, 상을 나누어주고 어제 두 편을 내렸는데, 하나는 준천소 여러 신료의 그간의 공로를 치하하여 내려 준 것이고, 다른 하나는 입시한 제신에게 갱진하게 한 것이었다. 이윽고 또 음식을 홍봉한에게 하명하여 준천 제당에게 내려 주었다.』 9)

하였으니, 위의 기사記事들을 종합 분석하면, 《승정원일기》에서 준천소 여러 신료에게 내려 준 것은, 바로 이 《준천계첩》 첫머리에 나오는,

『준천 제당을 면대하여 포상을 내려 가상히 여기는 뜻을
보이고、 인하여 사양하지 말 것을 명하노라。(面賜濬川諸堂 以示嘉尙 仍命
勿謝)』

라고 한 어제어필서문과、 어제사언시 두 편 중의 제일편第一篇인、

『준천의 공역을 끝마쳤음은 경 등이 정성을 다함이었다。 내가
듣건대 광무제도 뜻이 있으면 마침내 이루어진다고
하였도다。(濬川功訖 卿等竭誠 予聞光武 有志竟成)』

를 가리킨 것이다。

한편 「준천소 좌목」은 준천소 관원의 명단과 위계의 차례를 기록한
것으로서 그 내용을 보면、 먼저 삼공구관三公勾管인 영의정、 좌의정、
우의정을 비롯한 제조提調 팔원八員、 내준천소 당상內濬川所堂上

일원一員、 도청 팔원八員、 낭청 십원十員 등 준천소 업무를 담당한
고위직 관원들의 명단과、 별간역別看役 사원四員、 패장
사십일원四十一員 등 현장을 지휘 감독했던 관원들의 명단、 그리고
실제로 준천 공역에 참여했던 원역員役 여든다섯 명、 역군役軍
총수摠數 도합 이십일만오천삼백팔십여 명에 대해서도 구성 인원별로
일일이 분류 제시하였으며、 별소에서 현장을 지휘 감독한 별소
감동監董 오원五員、 별소 패장 삼십구원三十九員의 관원 명단과 별소
현장에서 실질적으로 일하였던 별소 원역 서른 명에 이르기까지
「경진준천庚辰濬川」 역사에 동원된 대규모의 참가 인원을
총망라하였는데、 이는 영조의 손꼽히는 치적 중에서도 백성을 위한
치수 정책을 얼마나 중요시했던가를 두드러지게 나타낸 것이다。

또 다른 어제사언시 한 편과 녁 장의 행사도、 발문에 대해서는
「《준천계첩》 연구 국역」 부분을 통해서 원문의 번역 해설문과 함께
좀더 구체적으로 고찰하고자 한다。

존쳥졔쳡

영인影印 및 연구研究 국역國譯

潘川禊帖

面賜潯川
諸堂以示

嘉尚仍命

勿謝

潘川功范

卿等竭誠

予聞光武
有志竟成

映花堂
親臨賜饍

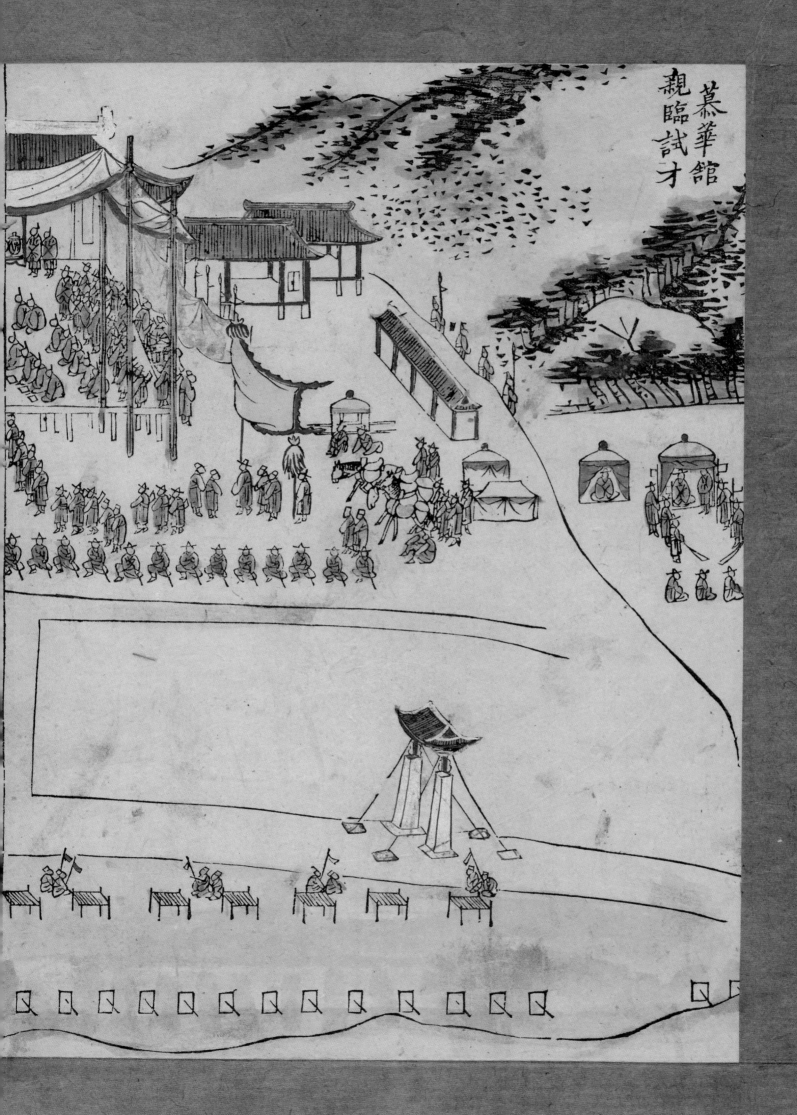

慕華館
親臨試才

賜宴錬戎臺

濬川所座目

三公勾管

大匡輔國崇祿大夫議政府領議政無領 經筵弘文館藝文館春秋館觀象監事世子師 臣 金尙喆

大匡輔國崇祿大夫議政府左議政無領 經筵事監春秋館事世子傅 臣 李 溙

大匡輔國崇祿大夫議政府右議政無領 經筵事監春秋館事 臣 閔百祥

提調

輔國崇祿大夫領敦寧府事鰲興府院君 臣 金漢耉

崇祿大夫行龍驤衛司直 臣 金聖應

崇祿大夫判敦寧府事　臣李昌誼

崇祿大夫行漢城府判尹恵世子右賓客　臣蔡濟恭

崇祿大夫行戸曹判書　臣洪鳳漢

嘉義大夫漢城府左尹　臣鄭汝稷

嘉善大夫守知訓鍊院事同知義禁府事　臣具善行

嘉善大夫刑曹叅判　臣具晩徽

内瞻川所堂上

嘉善大夫行承政院都承旨　經筵叅贊官春秋館修撰官藝文館直提學尚瑞院正　臣洪樂性

都廳

嘉義大夫黃海道兵馬節度使臣許汲

嘉義大夫行寧邊大都護府使臣元重會

嘉善大夫慶尚右道兵馬節度使臣趙威鎮

嘉善大夫行龍驤衛副護軍兼五衛都揔府副揔管臣金聖邁

折衝將軍無內乘臣具秉勳

折衝將軍全羅左道水軍節度使臣閔百福

折衝將軍行副護軍臣梁世絢

折衝將軍兼五衛將　臣韓尚訥

郎廳

折衝將軍三陟鎮討捕使　臣柳媒

禦侮將軍行都摠府經歷　臣李邦鵬

禦侮將軍行都摠府經歷　臣李鼎炳

禦侮將軍行都摠府都事　臣柳春馥

禦侮將軍軍行舒川郡守　臣李纘徽

禦侮將軍前行熙川郡守　臣柳鎮普

禦侮將軍前行大興郡守臣鄭景曾

禦侮將軍行訓鍊院主簿臣南巖喆

禦侮將軍行訓鍊院主簿臣洪雨輔

禦侮將軍行副司果臣孫相龍

別看役

別軍職李義培李仁培鄭晶世堂上軍官金喜誠

牌將

兵曹教鍊官崔尚郁訓鍊都監教鍊官高時元金興

商鄭以崇印續起別武士金世徽金允福李世重李
枝成禁衛營教鍊官白時彩吉世柱張大羽別武士
白允起李東建御營廳教鍊官文世興鄭翊大別武
士金俊盛權順慶金允烱別抄李恒崙卜德基安得
文騎士韓得樞李鳳興禁軍鄭運枸林萬舉李洪基
安時梓河重圖李東新三軍門策應監官朴道亨南
崙正成崙祐編結牌將各軍門將校鄭世僑張瑞翼
尹衡朴世蕃張緯漢金宗海朴徽亮姜弼載

貟後

書吏鄭大維申景行安光宅全致大崔泰厚陳潤澤
金潤大申得文金時燁韓德亂文德重李興培各所
書貟宋泰奎李弘根金光來金龜瑞林鳳瑞金載慶
洪文績范重彬金壽煥金光純朴德興鄭昌周羅斗
燦李景行高道亨庫直金時秋朴麒瑞李萬英金昌
錫金萬楫朴興良使令李春興等十二名使喚軍金
鼎夏等三十七名文書直朴貴金等三名

坊民三萬二千九百三十二名各軍門將校軍兵五

萬一百二名各司貞後二萬三千五百五十六名各

屢市民一萬三百四十六名各貢人四千八名

各色匠人二千七百六十九名僧軍二千二百七十

四名坊民追別自願一萬六千三百八十八名外方

自願軍八千七百五名募軍六萬三千三百餘名都

合二十一萬五千三百八十餘名

別所監董

禁衛營千摠李漢昌御營廳千摠李宜泰申瀧洗 以上

軍門別所五衛將田昌雨李邦鳳 以上內 濬川所別所

別所牌將

訓鍊都監哨官趙得琦黃世中旗牌官吳世綱別武

士趙蘭璧金璟朴尚遠王起柱禁衛營哨官李煥旗

牌官尹琰別武士高泰興朴聖樑朴天樞徐益昌吳

福命御營廳哨官韓榮錫金振昌金聲律金光潤崔

珥教鍊官金有剳金德績申登朱之光申命和高尚

禧韓弘暮河宗海別武士朴世茂黃命聃閔貴福金

慶曄李光日別抄崔尚祚劉相聃捕盜軍官金夢臣

林德潤朱宇塾太景顯門別所　事知韓以敬　以上軍滿川所

別所貞後

書吏李弘培等三人書貞李震亨等四名庫直高擎

屋等五名使喚軍金鼎輝等十三名門別所　書吏柳

東郡等二人使令朴天載等三名以上內所滿川所

京都川渠之開粵在
英廟世中間修治無可玟而挽近以
來填塞為民患者歲益甚焉其勢
不得不濬不濬之害固難言而濬
亦未可易道盖民情便否之不齊
天時旱澇之不適俱係可憂若始

事而中廢則其為害反不如前日
之固循苟度也何幸
睿筹先定僉謀克從瀘川之議遂決
臣等受
命董其後凡六十日民
有爭趍之願而惟恐後焉天無竟
目之兩而若相助焉使百年未遑

者一朝成就倘非我

聖上憂勤之誠格于神明逸使之仁

浹于黎庶其何以曰賜而賜勿亟

子来跻陘濟灞奠此都民克継

祖宗朝肇開之宏規也㦲猗歟休矣

上觀後于東門餽膳于　禁苑試才

于華舘甚　盛舉也　命臣等率

董事諸人宴于鍊戎臺　恩至渥

也而惟此

御製四言一章臣等實受

賜於

禁苑晉對之時自念臣等奉

令承

教只韋其無罪有何寸勞之可言而

乃獲此千古曠絕之　恩寵雙擎

雲翰聚首惶感踰袞之　褒非敢承

當兩拱璧之珍寔宜分玩謹兹摹

石而印之又繪前後三　盛舉及

臣等鍊臺之會列書諸臣姓名於

其末作帖以　進又各藏一本此

亦承

上命也

庚辰四月　日

行戶曹判書臣洪鳳漢奉

教謹跋

연구 研究 국역 國譯

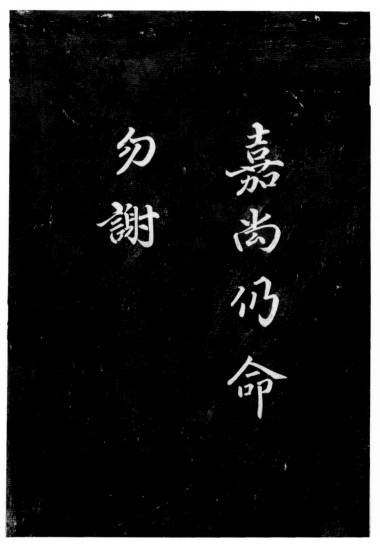

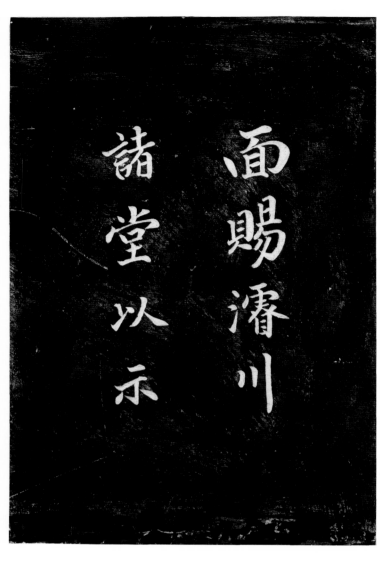

면사준천 제당濬川諸堂을 면대하여
포상褒賞을 내려 주어
가상히 여기는 뜻을 보이고,
인하여 사양하지 말 것을 명하노라.
面賜濬川諸堂 以示嘉尙 仍命 勿謝

이 어제어필서문은 영조가 춘당대春塘臺에서 시사試射한 날 사연賜宴하는 자리에서 준천소 여러 당상들에게 그간의 공로를 치하하여 내려 준 것이다. 영조 三十六년 四월 十六일 《승정원일기》의 기사를 보면, 영조가 준천소 당상인 판돈녕부사 이창의, 판윤 홍계희, 판서 홍봉한에게는 모두 가자가加資한다고 하니, 이창의가 극구 사양하므로 『삼중신三重臣의 사양함이 간절하여 가상히 여긴다』는 임금의 말이 나오는데1), 이는 「사양하는 마음은 예禮의 단서가 된다」는 인성人性을 중시한 가치관에서 나온 것임을 알 수 있다.

또 영조는 『특별히 그 원함을 따르지만, 숙마 한 필씩을 면급하고 표피豹皮 일 령씩을 더 주겠다』하고 사양하지 말 것을 명하였는데, 이는 덕으로써 백성을 다스려야 함을 강조한 말이다. 즉 이 어제어필서문은, 조선시대의 국가이념이었던 유교 정치철학의 원리原理가 되는 덕치德治와 예악禮樂 사상을 잘 함축하여 표현하고 있다.

준천의 공역을 끝마쳤음은
경 등이 정성을 다함이었다.
내가 듣건대 광무제光武帝도
뜻이 있으면 마침내 이루어진다 2)고 하였도다.

濬川功訖 卿等竭誠 予聞光武 有志竟成

이 어제사언시 일장은 영조 三十六년 四월 十六일、임금이 춘당대에 나아가 시사를 행한 뒤 행호조판서 홍봉한에게 하사한 것이다. 영조가 준천하는 일을 못 백성에게 물었더니 모두가 준천하는 것이 편하겠다고 하였으나,『이것이 백성을 위한 것이지만 어찌 백성의 힘을 괴롭힐 수 있겠는가』 하며、민폐가 염려되어 개천 준설 공사를 실시하지 못하는 안타까운 심정을 나타냈었다. 그러다가 수년이 지난 영조 三十六년에 준천 공역이 이루어져、영조가 신민臣民이 힘을 합쳐서 일이 이루어졌음을 치하하여 이 사언시를 하사한 것이다.

후한後漢의 광무제는 『뜻이 있는 자가 마침내 일을 이룬다』고 하였고, 율곡栗谷 선생은 『국정국정國政은 때를 아는 것이 귀중하고、일은 실천하는 데 힘쓰는 것이 긴요하다』고 하였다. 3) 이로써 볼 때、백성을 위한 참다운 정치는 뚜렷한 철학을 가지고 적극적이고 진취적으로 나아가되、시중지도時中之道의 뜻이 새롭게 담겨진 방향으로 연결되어야 한다는 것을 영조가 강조하여 이 사언시를 내린 것이라 할 수 있다.

수문(五間水門)[4] 위에 친림하여 「준천의」 역사를 관람하다.

水門上 親臨觀役

〈수문상친림관역도水門上親臨觀役圖〉는 영조 三十六년(一七六〇) 四월 九일, 준천 공역이 한창이던 개천에 있는 두 개의 수문水門 중에서 흥인문興仁門 남쪽에 있는 오간수문 위에 영조가 친림親臨하여 막차幕次(임금이 幕을 치고 머무르는 곳)에 들어간 후, 준천의 역사役事를 관람하는 현장을 묘사한 것이다. 《영조실록》《영조 三十六년 四월 九일(癸未)》조의 기사를 보면, 『대제大祭(宗廟夏享大祭)를 마친 후, 오간수문 약원藥院, 정원政院, 옥당玉堂이 정침停寢(하던 일을 중도에서 정지함)하고 환궁할 것을 간청하였으나 임금이 허락하지 않았다』[5] 하였고, 《준천사실》에서는 『四월 九일(癸未)에 임금이 또 수문 위에 역림歷臨(두루 들름)하여 준천 공역을 관람하였다』[6] 라고 하였다. 이때 비바람이 거세게 몰아쳐서 약원, 정원政院, 옥당玉堂이 정침停寢(하던 일을 중도에서 정지함)하고 환궁할 것을 명하여 준천 공역을 관람하였다.

것을 명하여 준천 공역을 관람하였다. 이때 비바람이 거세게 몰아쳐서 약원, 정원政院, 옥당玉堂이 정침停寢(하던 일을 중도에서 정지함)하고 환궁할 것을 명하여 준천 공역을 관람하였다. 임금이 또 수문 위에 역림歷臨(두루 들름)하여 준천 공역을 관람하였다.[6] 라고 하였다.[7]

이 행사 도에는 상단부 좌측으로 흥인지문興仁之門(東大門)의 이층 우진각 기와 지붕 일부와 문루門樓를 끼고 있는 옹성甕城이 보이고, 성 안으로는 오간수문 위에 설치된 막차 안의 중앙에 임금이 앉는 어좌와 준천 제당 및 여러 신료들이 입시入侍한 모습이 묘사되어 있다. 또 굳게 닫힌 다섯 개 간의 홍예문紅霓門 아래에 드러난 개천 바닥에는 역군役軍들이 소의 힘을 빌려 흙을 퍼내고 있거나, 세 명의 한 조를 이루어 가래질을 하고 있으며, 행사에 참여한 많은 사람들이 개천 양안兩岸에서 음식 소반을 앞에 두고 앉아 있는 모습, 서서 구경하거나 음식을 나르는 모습이 흥미롭게 표현되어 있다. 화면의 구도가, 임금이 자리한 상단의 홍양산紅陽繖(홍색 저사紵絲를 사용해서 세 개의 처마를 만들고, 안에 유소流蘇를 드리운 양산) 밑의 어좌를 중심으로 여러 신료들이 죽 늘어서 있는 광경을 나타내었고, 하단 좌우에는 인물과 수목樹木, 누각樓閣 들이 배치되어 있다.

暎花堂
親臨賜饍

영화당[8]에 친림하여 음식을 내려 주다.

暎花堂 親臨賜饍

준천 공역을 끝마친 이튿날인 一七六○년 四월 十六일、 영조는 창덕궁 후원의 춘당대에 나아가 준천소 당상과 낭청 이하 패장에 이르기까지 시사試射를 행한 뒤에、 제신諸臣에게 어제사언시 두 편을 하사하고 잔치를 베풀어 주었으며、 이어서 친정親政을 명하여 공로자들에게 가자加資하는 등 그간의 노고를 치하하였다.[9]

《영화당친림사선도》는 제목에서 알 수 있듯이 영화당에서 임금이 음식을 내려 주는 모습을 중점으로 하여 그린 것이다. 그림의 하단부에는、 영화당 앞 춘당대 광장에 설치된 이패離卦(三패는 正南向을 표시한 것임) 후후侯[10]와 사각형 관혁貫革、 여러 개의 추인蒭人(짚이나 풀로 만든 허수아비로、 騎槍의 표적)을 세워 둔 광경이 그려져 있고、 중간부분 오른쪽을 보면 둑纛[11]을 받들고 곧은 자세로 서 있는 군관軍官 한 사람、 그리고 교룡기交龍旗[12]를 잡고 있는 군관 한 사람 외에 세 명의 군사가 깃대에 맨 줄을 한 가닥씩 잡아당기고 있다. 또 맞은편 왼쪽에는 여덟 개의 논(水田)이 그려져 있는데、《한경지략漢京識略》을 보면、 해마다 정월 초승이면 권농勸農의 윤음綸音을 팔도八道(전국)에 반포하고、 또 금중禁中에 있는 이 논에서 임금이 친경親耕하면서 농사의 어려움을 체험했으며、 가을에 이르러 벼를 수확하게 되면 근신近臣에게 나누어주었는데、 이를 「춘당도春塘稻」라 이름한다고 하였다. 또 이 논 주변에는 행사에 참여하려 온 사람들이 여기저기 흩어져 있는 광경도 그려져 있다. 그림의 상단부는 어좌가 맨 위에 자리하였고、 좌우로 여러 신료들이 입시하여 좌정坐定하였다.

이날 행하여진 춘당대에서의 시사、 어제시 두 편의 하사下賜、 사선賜饍、 친정을 명하여 가자하고 상전賞典을 베푼 것 등의 여러 가지 다채로운 행사는、 후세에 길이 남길 만한 것이기에 준천에 관계된 화첩에는 모두가 《영화당친림사선도》를 수록하고 있다.[13]

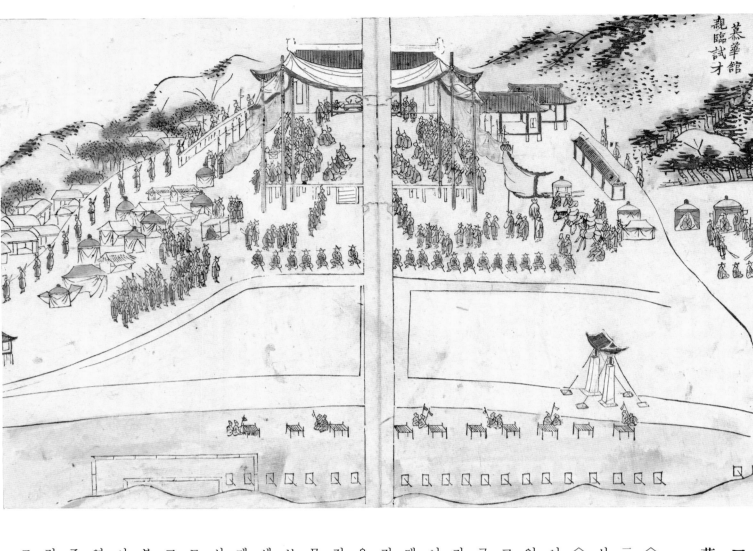

모화관[14)에 친림하여 시재試才하다.

慕華館 親臨試才

〈모화관친림시재도慕華館親臨試才圖〉는 영조가 1760년 四월 二三일(丁酉)부터 四월 二六일(庚子)까지 나흘 동안 모화관에 거둥하여, 각 군문과 준천소 군병의 시방試放(試射와 試砲)에 친림한 사실을 그린 것이다.[15)

〈모화관친림시재도〉의 그림 내용을 살펴보면, 모화관에 설치한 막차 안의 상단부에는 어좌가 맨 위에 자리하였고, 좌우로는 입시한 여러 신료 중에서 문신文臣 당상관들은 앉아 있는 모습으로, 무신武臣들은 융복 차림으로 중간부분 오른쪽에는 둑을 받들고 서 있는 그리고 앞의 〈영화당친림사선도〉와 한가지로 좌우 양쪽에 광경을 볼 수 있다. 군관 한 사람과 교룡기를 잡고 있는 군관 한 사람 및 네 명의 군사가 깃대에 맨 줄을 한 가닥씩 잡아당기고 있으며, 그 옆에는 덮개가 있는 어련御輦이 놓여 있다. 그 바로 아래는 어마御馬, 보마寶馬(임금이 타는 말의 일종) 세 필이 보인다. 또 모화관 처마에 대죽간大竹竿을 기둥으로 하여 거의 열 길十尋 이상 높이에 드리워진 차일遮日 뒤에는, 기와를 이은 세 채의 건물과 군막軍幕 등이 보이며, 그 뒤로는 창검군槍劍軍 일부가 숲이 우거진 낮은 산 아래에 서 있는 모습이 보인다. 또한 중간부분 양쪽으로 전립戰笠에 전복戰服을 입고 좌우로 서 있는 무신들과 그 아래에 화살을 갖고 나란히 앉아 있는 무신들의 모습이 인상적이다. 화폭 왼쪽의 차일이 드리워진 뒤에는, 창검군들의 모습은 보이지 않으나 긴 창검이 줄지어 서 있는 광경이 보이고, 그 아래로 수많은 군막들이 세워져 있는 모습을 볼 수 있다. 또 군막 뒤에서 융복 차림에 전건戰巾을 쓰고 조총鳥銃을 메고 서 있는 무예별감武藝別監 포수砲手 십여 명이 외행外行에서 대隊를 지어 시위侍衛하고 있는 화면 구성과 동글동글한 낮은 산 아래에 민가民家들이 있는 모습은 모화관 부근을 잘 묘사하고 있다.

그리고 청기와를 덮은 영은문迎恩門 옆 하단부에는, 사자射者와 취시자取矢者가 복幅(적중한 화살을 나란히 세워 두는 기구)을 사이에 두고 둘씩 짝지어 있고, 맨 아래에는 일정한 간격으로 스무 개 남짓의 관혁이 배열된 광경도 묘사되어 있는데, 이날 영조는 능행릉幸(임금이 능에 거둥함) 때의 예를 따라 행사를 진행하였기 때문에 모화관 주변의 의장儀仗과 시위는 자못 장관을 이루었다. 또 시위는 임금의 측근에서 호위하는 것인데, 도성 안을 행행行幸할 때에는 임금의 신변 보호를 위한 엄중한 조치를 취하였음을 여러 사료史料를 통해 알 수가 있다.

錬戎臺 賜宴

연융대에서 사연賜宴하다.

錬戎臺 賜宴

〈연융대사연도錬戎臺賜宴圖〉는 一七六〇년 四월 二十九일, 임금의 하교에 의하여 도청都廳 이하 군졸軍卒, 이례吏胥와 徒隸에 이르기까지 모두 연융대에 모여, 하사下賜한 음식으로 잔치를 베푸는 광경을 그린 것이다.16) 연융대의 원래 명칭은 탕춘대湯春臺이며, 창의문彰義門 밖 장의사藏義寺 옛터에 설치하였던 것이다. 숙종肅宗 三十七년(一七二一)에 북한산성을 쌓고 행궁行宮(임금이 거둥할 때 임시로 머무는 별궁)을 상원봉上元峯 아래에 세웠으며, 숙종 三十八년(一七二二)에는 평창平倉(북한산성의 탕춘대 곁에 軍糧을 저축하기 위하여 설치한 창고) 등의 시설을 부근에 두었는데, 탕춘대에는 조선 초기에 세운 조지서造紙署도 있었다. 그런데 북한산성은 당연히 총융청摠戎廳의 근거지가 되어야 하겠으므로 영조 二十三년(一七四七)에 임금의 특명으로 종래 북한산성의 업무를 관장하던 경리청經理廳을 폐지하고 총융청과 병합하니, 이곳은 국방의 요충지로서의 면모를 갖추게 되었다. 그러다가 「탕춘대」란 명칭은 바르지 못하다 하여 「연융대」로 고쳐 부르게 되었으니, 《영조실록》 영조 三十년 九월 二일의 기록을 보면 임금이 말하기를, 『공자孔子가 반드시 명분을 바로잡겠다고 하였는데, 탕춘대의 이름은 바르지 않다. 이미 경영京營(서울의 훈련도감, 금위영, 어영청, 수어청, 총융청 등의 군영을 통틀어 일컫는 말)을 설치하고는 때때로 거둥하기도 하니, 바로잡지 않을 수 없다. 명칭을 고쳐 「연융대」라고 하라』17) 하였고, 《만기요람萬機要覽》〈군정편軍政篇〉「총융청 공해公廨」조에, 『신영新營은 연융대에 있다』18)고 하였으니, 연융대 청사인 삼백여 칸의 신영은 이때에 새로 영건하였던 것이다.

이 그림을 보면, 앞에서 본 석 장의 그림 내용과는 달리 연융대 건물의 측면에서 연회를 베푸는 장면을 묘사하였는데, 이렇게 화면 구성에 변화를 줄 수 있었던 것은 임금이 친림한 행사가 아니어서 의장이나 시위가 없었기 때문이다. 즉 화면 상단 중앙에 어좌를 포치布置해 오던 틀에서 벗어날 수 있었기에 상단부에는 우뚝하게 서 있는 북한산의 산봉우리들을 보면 임금이 거둥할 때 임시로 머무는 별궁)을 상원봉上元峯 아래에 세웠으며, 숙종 三十八년(一七二二)에는 평창平倉(북한산성의 탕춘대 곁에 軍糧을 저축하기 위하여 설치한 창고) 고쳐 「연융대」라고 하라』17) 하였고, 또한 북한산성 밖에서 성안의 광경을 보고 있는 사람들, 중앙의 대청에 당상관 이하 군졸에 이르기까지 대죽간을 기둥으로 하여 막을 높게 쳐 놓고 넓은 공간에서 음식 소반을 앞에 놓고 가지런하게 앉아 있는 모습과 이를 구경하는 사람들, 그리고 산수화풍으로 그렸다. 이 그림에는 비록 관현管絃으로 흥을 돋우는 악공樂工들의 모습은 보이지 않지만, 당시까지도 사용하였던 북한산성 대성문大成門19)과 바깥의 여러 장면 등을 자연스럽게 나타내고 있다. 이날의 「연융대 사연」은 자연스러운 분위기 속에서 유쾌하게 이루어졌음이 잘 묘사되어 있다.

濬川所座目

三公勾管

大匡輔國崇祿大夫議政府領議政兼領　經筵弘文館藝文館春秋館觀象監事世子師　臣　金尙魯

大匡輔國崇祿大夫議政府左議政兼領　經筵事監春秋館事世子傅　臣　李㻐

大匡輔國崇祿大夫議政府右議政兼領　經筵事監春秋館事　臣　閔百祥

提調

輔國崇祿大夫領敦寧府事鰲興府院君　臣　金漢耈

崇祿大夫行龍驤衛司直　臣　金聖應

崇祿大夫判敦寧府事　臣　李昌誼

崇祿大夫行戶曹判書　臣　洪鳳漢

崇祿大夫行漢城府判尹兼世子右賓客　臣　洪啓禧

崇義大夫漢城府左尹　臣　鄭汝稷

嘉義大夫守知訓鍊院事同知義禁府事　臣　具善行

嘉善大夫刑曹參判　臣　具善復

內濬川所堂上

嘉善大夫行政院都承旨兼　經筵參賛官春秋館修撰官藝文館直提學尚瑞院正　臣　洪樂性

준천소[20) 좌목濬川所座目

삼공구관三公勾管

대광보국숭록대부大匡輔國崇祿大夫[21) 의정부 영의정 겸 영경연·
홍문관弘文館·예문관藝文館·춘추관春秋館·관상감사觀象監事 세자사世子師
신臣 김상로金尙魯

대광보국숭록대부 의정부 좌의정 겸 영경연사兼領經筵·감춘추관사監春秋館事
세자부世子傅 신 이후李㻐

대광보국숭록대부 의정부 우의정 겸 영경연사·감춘추관사 신 민백상閔百祥

제조提調

보국숭록대부輔國崇祿大夫[22) 영돈녕부사領敦寧府事 오흥부원군鰲興府院君
신 김한구金漢耈

숭록대부崇祿大夫[23) 행용양위 사직行龍驤衛司直 신 김성응金聖應

숭록대부 판돈녕부사判敦寧府事 신 이창의李昌誼

숭록대부 행한성부판윤行漢城府判尹 겸 세자우빈객兼世子右賓客 신 홍계희洪啓禧

숭록대부 행호조판서行戶曹判書 신 홍봉한洪鳳漢

가의대부嘉義大夫[24) 한성부 좌윤漢城府左尹 신 정여직鄭汝稷

가선대부嘉善大夫[25) 수지훈련원사守知訓鍊院事 동지의금부사同知義禁府事
신 구선행具善行

가선대부 형조참판刑曹參判 신 구선복具善復

내준천소內濬川所 당상堂上

가선대부 행승정원도승지行承政院都承旨 겸 경연 참찬관兼經筵參賛官·춘추관
수찬관春秋館修撰官·예문관 직제학藝文館直提學·상서원정尙瑞院正 신 홍낙성洪樂性

都廳

嘉義大夫黃海道兵馬節度使臣許汲
嘉義大夫行寧邊大都護府使臣元重會
嘉善大夫慶尚右道兵馬節度使臣趙威鎮
嘉善大夫行龍驤衛副護軍兼五衛都捴府副捴管臣金聖遇
折衝將軍無內乘臣具秉勳
折衝將軍全羅左道水軍節度使臣閔百福
折衝將軍行副護軍臣梁世絢
折衝將軍無五衛將臣韓尚訥

郎廳

折衝將軍三陟鎮討捕使臣柳煠
禦侮將軍行都捴府經歷臣李邦鵬
禦侮將軍行都捴府經歷臣李鼎炳
禦侮將軍行都捴府都事臣柳春馣
禦侮將軍行舒川郡守臣李續徽
禦侮將軍前行熙川郡守臣柳鎮普

도청都廳

가의대부 황해도 병마절도사黃海道兵馬節度使 신 허급許汲
가의대부 행영변대도호부사行寧邊大都護府使 신 원중회元重會
가선대부 경상우도 병마절도사慶尚右道兵馬節度使 신 조위진趙威鎮
가선대부 행용양위 부호군行龍驤衛副護軍 겸 오위도총부 부총관兼五衛都捴府副捴管 신 김성우金聖遇
절충장군折衝將軍[26] 겸 내승겸내승兼內乘 신 구병훈具秉勳
절충장군 전라좌도 수군절도사全羅左道水軍節度使 신 민백복閔百福
절충장군 행부호군行副護軍 신 양세현梁世絢
절충장군 겸 오위장兼五衛將[27] 신 한상눌韓尚訥

낭청郎廳

절충장군 삼척진 토포사三陟鎮討捕使 신 류집柳煠
어모장군禦侮將軍[28] 행도총부경력行都捴府經歷 신 이방붕李邦鵬
어모장군 행도총부경력 신 이정병李鼎炳
어모장군 행도총부도사行都捴府都事 신 류춘빈柳春馣
어모장군 행서천군수行舒川郡守 신 이찬휘李續徽
어모장군 전행희천군수前行熙川郡守 신 류진보柳鎮普

禦侮將軍前行大興郡守臣鄭景曾
禦侮將軍行訓鍊院主簿臣南舜喆
禦侮將軍行訓鍊院主簿臣洪雨輔
禦侮將軍行副司果臣孫相龍

別看役

別軍職李義培李仁培鄭昱世堂上軍官金喜誠

牌將

兵曹教鍊官崔尚郁訓鍊都監教鍊官高時元金興
商鄭以崇印續起別武士金世徵金兊福李世重李
枝成禁衛營教鍊官白時彩吉世柱張大羽別武
士金俊盛權順慶金兊烔別抄李恒亂卜德基安得
文騎士韓得樞李鳳興禁軍鄭運杓林萬舉李洪基
安時梓河重圖李東新三軍門策應監官朴道亨南
亂正成亂祐編結牌將各軍門將校鄭世僑張瑞翼
尹衡朴世蕃張緯漢金宗海朴徽亮姜弼載

어모장군 전행대흥군수前行大興郡守 신 정경증鄭景曾

어모장군 행훈련원주부行訓鍊院主簿 신 남순철南舜喆

어모장군 행훈련원주부行訓鍊院主簿 신 홍우보洪雨輔

어모장군 행부사과行副司果 신 손상룡孫相龍

별간역別看役

별군직별군직別軍職 이의배李義培・이인배李仁培・정욱세鄭昱世、당상군관당상군관堂上軍官

김희성金喜誠

패장牌將[29]

병조 교련관兵曹教鍊官 최상욱崔尚郁、훈련도감 교련관訓鍊都監教鍊官

고시원高時元・김흥상金興商・정이숭鄭以崇・인찬기인찬起印續起、별무사別武士

김세징金世徵・김태복金兊福・이세중李世重・이지성李枝成、금위영

교련관금위영교련관禁衛營教鍊官 백시채白時彩・길세주吉世柱・장대우張大羽、별무사

백태기白兊起・이동건李東建、어영청 교련관御營廳教鍊官 문세흥文世興・

정익대鄭翊大・별무사 김준성金俊盛・권순경權順慶・김태형金兊烔、

별초별초別抄 이항윤李恒亂・변덕기卞德基・안득문安得文・기사騎士 한득추韓得樞・

이봉흥李鳳興、금군금군禁軍 정운표鄭運杓・임만거林萬舉・이홍기李洪基・

안시재安時梓・하중도河重圖・이동신李東新、삼군문 책응감관三軍門策應監官

박도형朴道亨・남윤정南亂正・성윤우成亂祐、편결패장 각 군문 장교

편결패장각군문장교編結牌將各軍門將校 정세교鄭世僑・장서익張瑞翼・윤형尹衡・박세번朴世蕃・

장위한張緯漢・김종해金宗海・박휘량朴徽亮・강필재姜弼載

貞役

書吏鄭大維申景行安光宅全致大崔泰厚陳潤澤
金潤大申得文金時燁韓德胤文德重李興培各所
書員宗泰奎李弘根金光來金龜瑞林鳳瑞金載慶
洪文績范重彬金壽煥金光純朴德興鄭昌周羅斗
燦李景衍高道亨庫直金時秋朴麒瑞李萬英金昌
錫金萬楫朴興良使令李春興等十二名使喚軍金
鼎夏等三十七名文書直朴貴金等三名

役軍摠數

坊民三萬二千九百三十二名各軍門將校軍兵五
萬一百二名各司貞役二萬三千五百五十六名各
廛市民一萬一千三百四十六名各貢人四千七十
各色匠人二千七百六十九名僧軍二千七十
四名坊民追別自願一萬六千三百八十八名外方
自願軍八千七百五十名募軍六萬三千三百餘名都
合二十一萬五千三百八十餘名

원역員役

서리書吏 정대유鄭大維・신경행申景行・안광택安光宅・전치대全致大・
최태후崔泰厚・진윤택陳潤澤・김윤대金潤大・신득문申得文・김시엽金時燁・
한덕윤韓德胤・문덕중文德重・이흥배李興培, 각소各所 서원各所書員 송태규宋泰奎・
이홍근李弘根・김광래金光來・김구서金龜瑞・임봉서林鳳瑞・김재경金載慶・
홍문적洪文績・범중빈范重彬・김수환金壽煥・김광순金光純・박덕흥朴德興・
정창주鄭昌周・나두찬羅斗燦・이경연李景衍・고도형高道亨, 고직庫直
김시추金時秋・박기서朴麒瑞・이만영李萬英・김창석金昌錫・김만즙金萬楫
박흥량朴興良, 사령使令 이춘흥李春興 등 열두 명. 사환군使喚軍
김정하金鼎夏 등 서른일곱 명. 문서직文書直 박귀금朴貴金 등 세 명.

역군役軍 총수摠數

방민坊民 삼만이천구백서른두 명, 각 군문軍門 장교·군병 오만백두 명,
각사 원역各司員役 이만삼천오백쉰여섯 명,
각전 시민各廛市民 일만천삼백마흔여섯 명, 승군僧軍 이천이백일흔네 명, 각색 장인各色匠人
이천칠백예순아홉 명, 방민추별자원坊民追別自願
만육천삼백여든여덟 명, 외방 자원군外方自願軍 팔천칠백다섯 명, 모군募軍
육만삼천삼백여 명, 도합都合 이십일만오천삼백팔십여 명.

別所監董

禁衛營千摠李漢昌御營廳千摠李宜泰申胤洸 以上
（軍門別所）

軍門別所 五衛將田昌雨李邦鳳 濔川所 以上內

別所牌將

訓鍊都監哨官趙得琦黃世中旗牌官吳世綱別武士趙蘭壁金環朴尙遠王起柱禁衛營哨官李煥旗牌官尹琰別武士高泰興朴聖樑朴天樞徐益昌吳福命御營廳哨官韓榮錫金振昌金聲律金光潤崔理敎鍊官金有剛金德纘申整朱之光申命和高尙禧韓弘蓍河宗海別武士朴世茂黃命聃閔貴福金慶曄李光日別抄崔尙祚劉相聘捕盜軍官金夢臣林德潤朱宇塾太景顯 以上軍門別所 事知韓以敬 濔川所 以上內

別所貟役

書吏李弘培等三人書貟李震亨等四名庫直高擎屋等五名使喚軍金鼎輝等十三名 以上軍門別所 書吏柳泉郁等二人使令朴天載等三名 以上內 濔川所

별소 감동別所監董

금위영 천총千摠30) 이한창李漢昌、어영청 천총 이의태李宜泰・신윤광申胤洸。
(이상 軍門別所)
오위장五衛將 전창우田昌雨、이방봉李邦鳳。
(이상 內濔川所)

별소 패장

훈련도감 초관哨官 조득기趙得琦・황세중黃世中、기패관旗牌官 오세강吳世綱、별무사 조인벽趙蘭壁・김경金環・박상원朴尙遠・왕기주王起柱、금위영 초관 이혁李煥、기패관 윤염尹琰、별무사 고태흥高泰興・박성량朴聖樑・박천추朴天樞・서익창徐益昌・오복명吳福命・어영청 초관 한영석韓榮錫・김진창金振昌・김성률金聲律・김광윤金光潤・최리崔理、교련관 김유강金有剛・김덕찬金德纘・신무申整・주지광朱之光・신명화申命和・고상희高尙禧・한홍모韓弘蓍・하종해河宗海、별무사 박세무朴世茂・황명담黃命聃・민귀복閔貴福・김경엽金慶曄・이광일李光日、별초 최상조崔尙祚・유상담劉相聘、포도군관捕盜軍官 김몽신金夢臣・임덕윤林德潤・주우숙朱宇塾・태경현太景顯(이상 軍門別所) 사지事知 한이경韓以敬。(이상 內濔川所)

별소 원역

서리 이홍배李弘培 등 세 사람、서원 이진형李震亨 등 네 명、고직 고경구高擎屋 등 다섯 명、사환군 김정휘金鼎輝 등 열세 명。(이상 軍門別所)
서리 류동욱柳東郁 등 두 명、사령 박천재朴天載 등 세 명。(이상 內濔川所)

京都川渠之開鑿在

英廟世中間修治無可攷而挽近以

来填塞爲民患者歲益甚爲其勢

不得不濬不濬之害固難言而濬

亦未可易道蓋民情便否之不齊

天時早澇之不適俱係可憂若始

事而中廢則其爲害反不如前日

之因循苟度也何幸

睿筭先定僉謀克從濬川之議遂決

臣等受 命董其後凡六十日民

有爭趨之願而惟恐後爲天無竟

日之雨而若相助焉使百年未遑

경도京都의 천거川渠를 파서 통하게 한 것은 지난 세종世宗 때에 있었고, 중간에 수치修治한 것은 상고詳考할 수 없었는데, 근래에 내려오면서 메워지고 막혀서 백성의 근심거리가 되었으며, 준천을 하지 않으면 그 해가 갈수록 더욱 심해졌습니다. 그 형세가 준천濬川을 하지 않을 수 없으며, 준천하는 일을 또한 쉽게 말할 수도 없었습니다. 대체로 민정民情의 편부便否(편하고 편하지 아니함)가 고르지 못하고 천시天時의 가물고 장마 지는 것이 적당하지 못하여 모두 근심하게 되고, 만약 일을 시작하였다가 중도中途에 폐지하게 되면, 그 해는 도리어 전날에 우물쭈물하면서 구차스럽게 지낸 것만 같지 못하기 때문이었습니다. 다행하게도 성상聖上께서 뛰어난 계책을 미리 결정하시고, 모든 신료臣僚의 계획이 임금의 뜻에 잘 순종하여 준천의 논의가 드디어 결의되었습니다. 신 등이 왕명王命을 반잡고 그 「준천하는」 역사役事를 동독董督한 것이 대략 육십 일에, 백성들은 서로 다투어 나가 일하기를 원하면서 남에게 뒤질세라 걱정하고, 하늘은 종일토록 비를 내리는 경우가 없어 서로 돕는 듯하였으니, 백년토록 겨를을 내지 못하였던 일을 하루아침에 성취하게 된 것입니다.

者一朝戒就倘非我

聖上憂勤之誠格于神明逈使之仁

浹于黎庶其何以日暘而暘勿亟

子來踵隆濟溺眞此都民克繼

祖宗朝肇開之宏規也敥猗歟休矣

上觀役于東門餽膳于　禁苑試才

于華館甚　盛舉也　命臣等率

董事諸人宴于鍊戎臺　恩至渥

也而惟此

御製四言一章臣等實受　賜旅

禁苑晉對之時自念臣等奉　令承

教只韋其無罪有何寸勞之可言而

아마도 우리 성상께서 우근憂勤하시는 정성이 신명神明에 통하고, 편안하게 부리는 어지신 마음이 백성들에게 두루 미치지 않았다면, 그 어찌 『날이 개고 화창할 것이니, 급히 하지 말라』 하셨는데도 (백성들이) 자식처럼 와서 막힌 것을 소통疏通시키고 물에 빠진 것을 건져내어, 도성都城의 백성을 편안히 살게 하시어 능히 조종조祖宗朝에서 처음으로 개통하셨던 큰 규모의 역사를 계승하시겠습니까. 아, 아름답습니다.

임금께서 (친히) 동문東門에서 관역觀役하시고, 금원禁苑에서 궤선餽膳하셨으며, 화관華館(慕華館)에서 시재試才하심은 매우 성대한 거사擧事였습니다.

신 등에게 역사役事를 동독한 여러 사람을 인솔引率하도록 명하시고 연융대鍊戎臺에서 잔치를 베푸시니, 성은聖恩이 지극히 우악優渥한데다

이 어제御製의 사언일장四言一章을 신 등이 금원에 나아가 뵈올 때에 내려 주시어 받았습니다.

스스로 생각하건대, 신 등은 교지敎旨를 받자옵고 단지 그 죄罪가 없었던 것만도 다행스럽게 여기는 처지에 무슨 조금만큼의 노고勞苦가 있었다고 말할 수 있겠습니까.

乃獲此千古曠絕之　恩寵雙擎

雲翰聚首惶感踰袞之　褒非敢承

當而拱璧之珍寔宜分玩謹茲摹

石而印之又繪前後三　盛擧及

臣等鍊臺之會列書諸臣姓名於

其末作帖以　進又各藏一本此

亦承

上命也

　庚辰四月　日

行戶曹判書臣洪鳳漢奉

教謹跋

그런데도 이 천고千古에 드문 은총恩寵을 입어, 두 편의 운한雲翰(御製御筆)[31]을 받자오니 황송 감격할 뿐이고, 유곤踰袞(임금이 특별히 내려 준)의 포상을 감히 받자와 감당하지 못하오며, 공벽拱璧(한 아름드리의 큰 옥)과 같은 이 보배는 이를 나누어 완상玩賞함이 마땅합니다. 삼가 이 돌에 본떠서 이를 인쇄하고, 또 전후前後 세 차례의 성대한 거사와 신 등의 연대鍊臺 모임을 그림으로 그려서, 제신諸臣의 성명을 그 끝에 열서列書하여 화첩畵帖을 만들어 올리고, 또 각각 한 책씩을 간직하오니, 이 또한 성상의 하명을 받는 것입니다.

경진庚辰(一七六〇년, 영조 三十六년) 四월 일

행호 조판서行戶曹判書 신 홍봉한洪鳳漢[32]은 교지를 받자옵고

삼가 발문跋文합니다.

註

1) 이날의 《承政院日記》를 보면, 「四月 十六日 辰時에 임금이 춘당대에 나아가 시사하는 데 친림하였다. …임금이 말하기를, 「준천소 당상 영돈녕부사 김한구에게는 內廐馬 한 필을 面給하고, 판돈녕부사 이창의, 판윤 홍계희, 행사직 정여직에게는 熟馬(길이 썩 잘 들여진 말) 한 필씩을 面給하고, 수지훈련 구선행, 도청 병사 허급, 행부호군 원중회, 민백흥에게도 또한 가자하겠다」하니, … 이창의가 아뢰기를, 「신 등은 나라에서 두터운 은총을 받아 위계가 崇班에 이르렀는데, 지금 조금만큼의 노고로써 외람되게 輔國(보국숭록대부)의 恩資(임금이 은혜로운 벼슬을 줌)를 입으니, 신 등이 어찌 마음으로 반자옵나까? 또 資級이 輔國에 이르게 되면, 으례 備坐에 참여하지 못하니, 신과 홍계희, 홍봉한이 비좌에 불참하게 되면 다시는 조금이라도 국정의 도리를 행하지 못할 것입니다. 성상께서는 이에 矜察을 더하시고 속히 本國으로 가자한다는 명을 거두시면 이것이 신 등이 살 수 있는 길이옵니다」하며, 눈물을 흘리면서 진달하니, 임금이 「그러한가?」 하고, 이어서 전교를 써서 명하기를, 「이번의 賞典은 실로 그 공로를 보답함인데, 三重臣의 사양함이 간절하여 가상히 여기니, 국정을 행하는 데 견제하는 단서가 없지 아니하나, 특별히 그 원함을 따라 숙마 한 필씩을 面給하고 豹皮 일 령씩을 더 주겠다」고 하였다(四月十六日辰時 上御春塘臺 親臨試射 … 守知訓鍊具善行 判敎寧府事李昌誼 判尹洪啓禧 判書洪鳳漢 行司直鄭汝稷 並加資 … 李昌誼曰 臣等受國厚恩 位至崇班 各熟馬一匹面給 都廳兵使許汲 行副護軍元重會閔百福 並加資 … 上曰 潘川所堂上領敦寧府事金漢耉 廐馬一匹面給 判敎寧府事李昌誼 而今以寸勞 濫蒙輔國之恩資 臣等何心奉承乎 且資至輔國 則例不得參於備坐 臣與洪啓禧洪鳳漢 不參備坐 則無復有一毫做國事之道矣 聖上特加矜察 而亟寢輔國加資之命 則是臣等可生之路也 涕泣而陳之 … 上曰 然乎 仍命書傳教曰 今番賞典 實酬其功 而三重臣所辭 其懇可尙 於國事 不無掣肘之端 特循其願 各熟馬一匹面給 豹皮一領加給)라고 기록되어 있다. 《承政院日記》

2) 「뜻이 있는 자가 일을 마침내 이룬다(有志者事竟成)」의 준말. 《承政院日記》를 보면, 「임금이 승지에게 전교를 써서 명하기를, 「아, 광무가 이르기를, 뜻이 있는 자가 일을 마침내 이룬다고 하였다. 오늘의 국정을 지금의 준천 역사처럼 한다면 무슨 일인들 이루지 못하겠는가」 하였다(上命承旨 書傳教曰 噫 光武云 有志者事竟成 今日國事 若令潘川 甚事不做)」라고 기록되어 있다. 《承政院日記》第二一〇, 〈英祖 三十六年(乾隆 二十五年)四月 初三日(丁丑)〉. 위의 말은 다음과 같은, 後漢 때 有志者의 故事에서 유래한다. 『경감은 후한 무릉 사람이고 耿況의 아들이다. 광무가 일찍이 이르기를, 「장군이 전에 남양에 있을 때 이 큰 계책을 건의하여, 항상 뜻이 커서 광무제에 종사하여 대장군이 되었다. 광무가 즉위하자, 建威大將을 除授하고 好時侯로 봉하였다. 세상 사람과 합하기 어렵다고 하였더니, 뜻이 있는 자가 일을 마침내 이룬다」고 하였다.〔耿弇 後漢 茂陵人 況之子 從光武帝爲大將軍 光武卽位 授建威大將 將軍前在南陽 建此大計 常以爲落落難合 有志者事竟成也〕《後漢書》 十九, 〈耿弇列傳〉第九 및 《少微通鑑節要》卷十六, 〈東漢紀〉참조.

3) 『국정은 때를 아는 것이 귀중하고, 일은 실천하는 것이 긴요하다. 나라를 다스리면서 때에 알맞게 하는 것을 모르고, 일에 당하여서 실제로 공효功效에 힘쓰지 않는다면, 비록 성왕聖王과 현신賢臣이 어울렸다고 하더라도 다스림의 효과는 이루어지지 못할 것이다. 〔政貴知時 事要務實 爲政而不知時宜 當事而不務實功 雖聖賢相遇 治效不成矣〕』 《栗谷全書》卷五, 〈萬言封事〉참조.

4) 영조 三十六年(一七六〇) 四月 九日, 개천 준설 공역을 한창 진행하고 있을 당시의 「오간수문」에 대한 情況을 살펴보면, 『임금이 대제를 마친 후, 오간수문에 임어할 것을 명하여 준천 공역을 관람하였다(大祭罷後 命臨五間水門 觀潘川)하였고《英祖實錄》卷九十五, 〈英祖 三十六年 四月 九日(癸未)〉條〕, 또 《潘川事實》의 기사를 보면, 「오간수문에는 예전에 鐵門(일종의 철제 창살문)을 설치했었다. 높이가 오 척여 間이었는데 토사에 막혀 버려 開閉할 수 없어, 별도로 木閘(일종의 목제 창살문)을 설치하여 그 문을 改修하였으나 겨우 두 척 남짓이었다. 근년에 와서 모래가 더욱 쌓여, 두 척의 문도 또한 개폐할 수 없고 물길의 통함이 한 척도 채울 수 없어, 매번 장마철을 만나면 물이 넘쳐서 반드시 도성이 침수되고 북쪽의 흥인문으로 흘러갔다. 지금은 토사를 모두 제거하여 옛날의 문지 도리(樞)가 드러났으므로, 목공을 제거하고 철문을 개수하기를 예전의 제도와 같게 하였다. 그리고 수문의 좌우 및 중간의 石築이 무너지고 매몰된 것을 건져내어 개축하되 부족한 것은 다른 돌로써 보충하였다. 무릇 다리 가까이 있는 곳은 석축을 쓴 데가 많았는데(五間水門 舊設鐵門 高五尺有餘 間 改設木閘 而改其門 止二尺許 近年沙益積 二尺之門 亦不得開閉 而水道之通 不能滿尺 每遇霖潦 水必浸城 而北注于興仁門 今則沙土既去 舊樞乃現 去木閘而改鐵門 一如舊制 水門左右 及中間石築之頹壞而沈埋者 撈出改築 補以他石 凡近橋處 多用石築〕라고 하였다. 《潘川事實》四二九-四三〇쪽〕이 글을 통하여 영조 三十六년 四月, 그 당시 흥인문 남쪽의 오간수문에서 진행 중이던 개천 준설 공사와 그 현장, 그리고 그때의 수문 모습을 잘 알 수 있다. 「오간수문」은 오늘날 東大門에서 乙支路 六街로 가는 성벽 아래 청계천, 六街에 있던 다리였다. 紅霓門(arch gate, 문이 무지개 또는 반달의 형상처럼 반쯤 둥글게 된 문)으로, 다섯 개 칸으로 되었다 하여 명칭을 「오간수문」 또는 「오간수 다리」라 하였는데, 이 다리는 수구문의 홍예 사이를 扇單石(홍예문 등의 맨 밑을 괴는 크고 모난 돌)에 잇대어 교각 대신에 화강석 꿈돌을 놓고 그 위에 장대석을 깔아 건너게 했으며, 화강석 꿈돌은 물의 저항을 줄이기 위해 사각으로 쌓고 꿈돌 위에는 거북을 조각해 놓아 특이한 형태를 취했다. 그러나 도성 안의 물이 모두 합류하여 이곳을 빠져 나가도록 되어 있어서 여름 장마철에는 물이 잘 빠지지

막아, 光武 十二년(一九〇七) 개천물을 잘 소통시키기 위하여 이 「오간수 다리」를 헐어 버리고 그 후에 새로운 신식 다리를 놓았다.

○ 五년에 춘당대에서 선비를 시험하여 선발하고 이튿날 放榜하여 이튿날 放榜(文武科나 生員·進士試에 합격자를 발표함)하였는데, 춘당대에서 선비에게 시험을 치르게 한 것은 이로부터 시작되었다.

○ 臨軒(임금이 正殿에 坐定하지 아니하고 앞의 殿堂으로 나아가 장대한 베로 만든 幕을 치는 의식이나 행사 때에 排設하는 일을 맡은 官房)에서 장대한 베로 만든 幕을 치는데, 바로 영화당 앞에 排設房(궁중의 배설하는 일을 맡은 官房)이 排設房을 쳤다.

○ 처마 앞 동편에 큰 竹竿으로 기둥을 삼아 세우고, 臺 곁에 열 길이나 되는 遮日을 쳤다. 큰 나무들이 모두 차일 밑으로 들어갈 정도였고, 또 영화당 층계에 잇대어 붉은색 판자를 깔아 軒(마루)을 설치했는데, 곧 步階板(대청 앞에 임시로 설치한, 통행하는 데 쓰는 널)이며, 龍鬚席(龍鬚草 줄기로 엮은 자리)으로 덮으면 그 위에 삼백여 인 정도가 앉을 만한 자리가 마련되었다. 마루 밑으로 사람이 서서 다닐 만하였으며, 여기에 아홉 층의 나무 계단을 설치하여 밖으로 내려갈 수 있게 하였다(春塘臺 卽宮內後苑 張大布幕 即遮日于暎花堂簷前東 大竹竿爲柱 而竪之 臺傍十尋 高樹皆入其下 ○ 每臨軒時 自排設房 連設朱板軒 即步階板 覆以龍鬚席 上可坐數三百人 翌日放榜 試士春塘臺始此 宣祖五年 試士于春塘臺), 임금도 여기서 친히 활쏘기를 하였으며, 때로는 祈雨祭를 지내기도 하고, 종친, 신료들과 연회를 베푸는 장소로도 이용되었으나, 지금은 창덕궁 후원이 크게 변모되고 지형도 바뀌어 옛 모습이 사라졌다.

있는데, 언제 창건하였는지를 알 수 없다. 試士(선비들을 시험하여 선발함)와 閱武(임금이 친히 閱兵함)하던 곳이다(暎花堂 在逮盛閣東 未知刱於何年 試士閱武之所)』하였고,『春塘臺는 영화당의 남쪽에 있다. 곧 과거 시험을 보는 장소인데, 동쪽에 못이 있다(春塘臺 在暎花堂南 卽萃試之場 東有池)』하였으며, 다른 문헌으로 《東國輿地備攷》《昌慶宮》條에 의하면,『영화당은, 춘당대 위에 있다. 앞에 연못이 있고 영화당 뒤에도 못이 있는데, 곧 宙合樓 앞의 못이다. 대개, 科場을 설치하고 선비를 시험하여 선발할 때는, 임금이 이곳에 임어하였다(暎花堂 在春塘臺上 前有蓮池 堂後又有池 卽宙合樓前池也 凡設科試士 臨御于此』하였으나, 영화당보다 그 앞의 廣場인 춘당대가 더 유명했다.『춘당대는 궁 안의 後苑이며, 시사와 열무를 하던 곳이었다. …선조

5) 《英祖實錄》卷九十五,《英祖 三十六年 四月 九日(癸未)條》,『大祭罷後 命臨五間水門 觀濬川 時』

6) 《濬川事實》 四九쪽,『四月 九日 癸未 上又歷臨水門之上 以觀之.』

7) 한편, 같은 날 《承政院日記》에는,『大駕가 오간수문으로 나아가 幕次에 들어간 뒤에 … 홍인한이 준천소의 진언으로써 말하기를,「오늘은, 비가 이렇듯 몰아치니 잠시 停役하였다가 날씨가 개이기를 기다려서 거행하자는 뜻을 감히 아뢰었습니다」하니, 전교하기를,「알았노라」하고는 … 임금이 하교하기를,「준천 제당은 입시하라」하였다. 영돈녕 김한구, 판돈녕 이창의, 판윤 홍계희, 호조판서 홍봉한, 지훈련 김성응, 훈련대장 구선행, 어영대장 정여직, 형조참판 구선복이 차례로 나아가 부복하니, 임금이 말하기를,「이번에 다시 둘러보니, 준천의 일은 잘하였다고 할 수 있는데, 경 등이 보람이라 하지 않을 수 없다.(준천한 뒤에는) 몇 년이나 지탱할 수 있겠는가」하니, 김성응이 아뢰기를,「신의 생각으로는 십여 년은 지탱할 것입니다」하고, 홍봉한이 아뢰기를,「신의 생각으로는 준천소로 하여금 해마다 개천이 막히는 즉시 수시로 준설하게 한다면 백 년은 지탱할 수 있을 것입니다」하니, 임금이 경 등의 공로가 많았다고 치하하였다(大駕詣五間水門『入幕次後 … 洪麟漢 以濬川所言啓曰 今日雨勢如此 姑爲停役 待晴擧行之意敢啓 傳曰 知道 … 教曰 濬川諸堂入侍 領敦寧金漢耈 判敦寧李昌誼 判尹洪啓禧 戶曹判書洪鳳漢 知訓鍊金聖應 訓鍊大將具善行 御營大將鄭汝稷 刑曹參判具善復 以次進伏 上曰 今番更爲環視 則濬川事 可謂善爲 而莫非卿等之効力矣 可以支幾年乎 聖應曰 臣意則可以支十餘年矣 鳳漢曰 臣謂若使濬川所 連爲開鑿濬 則可以支百年矣』)라고 기록되어 있다.《承政院日記》第二六〇,《英祖 三十六年(乾隆 二十五年) 庚辰 四月 初九日 癸未》條.

8) 《增補文獻備考》卷三十八,《輿地考》二十六,『昌德宮』條에 의하면,『창덕궁은 北部 廣化坊에 있다. 조선 초기에 세웠다가 宣祖 二十五년(一五九二)에 兵火로 불타 버렸으나, 光海君 원년(一六〇九)에 다시 세웠다. 昌慶宮과 통하여 하나의 궁궐이 되었다』라고 하였다. 그리고 『영화당이』

9) 주1) 참조.

10) 標的의 全面.《國朝五禮儀》《射器圖說》을 보면, 侯의 높이와 너비는 一丈 八尺인데, 너비를 三分하여 그 一分은 과녁(鵠)이 차지한다. 과녁은 사방 六尺이며, 희게 칠한 가죽으로 모나게 만들어서 후의 중앙에 있게 한다. 곰의 머리를 그린 熊侯는 御射에 사용하고, 麋侯, 豕侯의 제도는 같으나 바탕은 푸른 빛이다. 미후는 큰 사슴의 머리를 그리며 宗親, 文武官의 射에 쓰이고, 시후는 돼지의 머리를 그리는데 무과 시험과 教習에 쓰인다고 한다.

11) 大駕나 군대의 행렬 앞에 세우는 大將旗. 큰 槍에 소의 꼬리를 달거나 또는 꿩의 깃으로 장식한다. 행진할 때 騎馬한 사람이 이를 받들고, 그 뒤에 벌이줄을 두 줄로 늘여서 각각 한 명씩 네 명의 군사가 잡고 간다.

12) 鹵簿(임금이 거둥할 때의 儀仗을 갖춘 행렬) 중 둑기(纛旗)는 임금이 친림하여 閱兵할 때 각 營의 군대를 지휘하는 데 쓴다. 누른 바탕의 旗面에 용틀임과 구름이 채색으로 그려져 있고, 그 가장자리에는 火焰을 상징하는 붉은 헝겊이 달려 있는데, 깃대의 머리에는 삭모가 달려 있고 그 밑에 붉은 융복 차림의 말을 탄 장교가 잡고 네 명의 군사가 깃대에 맨 줄을 한 가닥씩 잡아당긴다.

13) 이날의 행사를 위한 그 전날의 준비 상황을 《承政院日記》의 기록을 통해서 보면,『임금이 말하기를,「명일은, 춘당대에 임어하여 시사하고 음식을 내려 주겠다. 당상관은 帳前으로 하고,

도청과 낭청, 간역은 유엽전으로 하며, 패장은 기추로 거행한다. 당상관 가운데 文臣은 黑團領

차림으로, 將臣과 武臣은 융복 차림으로, 승지는 좌승지만 원외에 머물고 모두 入侍할

것이며, 侍衛는 의식대로 입직 거행할 것이다(上曰 明日當臨春塘臺試射賜饌 堂上帳箭

都廳與郞廳看役柳葉箭 牌將騎蒭蒭舉行 堂上中文臣黑團領 將臣武臣戎服 承旨 左承旨留院外 皆入侍

侍衛如直舉行』라고 기록되어 있으니, 이날 영화당에서 당상관 중 문신은 흑단령 차림으로,

장신과 무신은 융복 차림으로 앉아 있는 모습을 볼 수 있고, 시위는 의식대로 장엄하게 거행되고

있는 광경이 그려져 있다.《承政院日記》第一二六〇,《英祖 三十六年(乾隆 二十五年) 庚辰 四月

十五日(己丑)》條.

14) 모화관은 教義門(西大門) 밖 서북쪽에 있었다. 본래는 慕華樓인데, 世宗 十二년(一四三〇)에 명칭을

모화관이라 고쳤다. 中宗 三十년(一五三五)에 金安老의 건의로 모화관 앞길 위에 돌기둥 두 개를

세우고 청기와를 덮은 한 칸의 迎詔門을 지었으나, 中宗 三十三년(一五三八)에 迎恩門으로 현판을

고쳐 걸었다. 중국의 詔勅을 맞으하고 使臣을 영접하는 곳이었으며, 평시에는 閔武, 觀武才, 武科

시험장으로 이용되었다. 高宗 三十三년(一八九六)에 徐載弼 등이 獨立協會를 세우고, 모화관을 그

사무실로 썼으며, 영은문 자리에 獨立門을 세워 자주독립을 표시하였다.

15)《英祖實錄》卷九十五,《英祖 三十六年 四月 二十三日(丁酉)》條의 기록 내용을 보면,『二十三日(丁酉) 임금이

모화관에 거동하여 각 군문과 준천소 군병의 試放에 친림하였다. 임금이 용복을 갖추고 乘馬는

陵幸 때의 例를 썼는데, 이에 앞서 三公이 箚子를 올려 시방하라는 명을 還收할 것을 청하였으나,

임금이 따르지 않았다. 옥당에서도 또한 차자를 올려 다시 정침할 것을 청하니, 임금이 답하기를,

「川渠를 書生의 붓으로 준설한다는 말인가. 오늘날 서생의 말들이 대개 이러하다」하였다. 지경연

이창수가 옥당에 대한 批答을 환수할 것을 청하니, 임금이 허락하였다. 이튿날의 기록을 보면,

경희궁으로 돌아왔다(丁酉 上幸慕華館 親臨試放各軍門濬川軍兵 上具戎服乘馬 用陵幸時例 先是

三公箚請還寢試放之命 上不從 玉堂亦箚請還寢 答曰 川渠以書生之筆濬乎 今日書生之言 大率如此

知經筵李昌壽 請還收堂箚之批 上從之 日暮乘馬 還御慶熙宮』하였고, 이튿날의 기록을 보면,

『二十四일(戊戌) 임금이 모화관에 거동하여 시방하였는데, 구선행이 훈국 군병의 私習도 금위영,

어영청의 예에 따라 거행할 것을 청하니, 임금이 허락하였다. 날이 저물어 경희궁으로

돌아왔다(戊戌 上幸慕華館 試放 具善行請訓局軍兵私習 依禁御兩營例舉行 上許之 日暮乘馬

還御慶熙宮)』라고 하였다. 四월 二十五일(己亥)의 기록에도『임금이 모화관에 거동하여 시방하고,

날이 저물어 경희궁으로 돌아왔다(己亥 上幸慕華館 試放 日暮還御慶熙宮)』하였고, 四월

二十六일(庚子) 임금이 모화관에 행차하여 시방을 마친 뒤에, 말을 타고 창덕궁으로

돌아왔다(庚子 上幸慕華館 試放畢後 上乘馬還御昌德宮)』하였으며, 이튿날인 四월 二十七일에는(辛丑

『二十七일(辛丑) 임금이 명정전에 나아가 친림하여 시방 入格者에게 널리 賞을 내려 주었다(辛丑

上御明政殿 親臨頒賞 試放入格人)』라는 기사가 실려 있다. 그리고《濬川事實》에서도,『四월

二十三일(丁酉)에 임금이 모화관에 친림하여 준천 역사에 공로가 있는 장교로서 지난번 시사할 때

누락된 자와 군졸의 신분으로서 자원하여 赴役한 자들을 소집하라 명하고, 시사와 시포하기를

무릇, 나흘 동안 행하고서 그쳤는데, 鄕民과 僧徒들도 또한 명정전 月臺에

친림하여 차등있게 널리 賞을 내려 주었는데, 한성부 吏胥로부터 諸色 하급 구실아치에

이르기까지 또한 赴役에 따라 상을 주지 않음이 없었다(丁酉 上親臨慕華館

命集將校之有勞濬川而見漏試射者 及軍卒之身 自赴役者 試射試砲 凡四日而止 鄕民僧徒亦與焉

又親臨明政殿月臺 分等頒賞 府吏胥徒 以至諸名色 亦靡不酬勞 各從其宜)』라고 하였다.《濬川事實》

五〇쪽-五二쪽)

16) 이에 앞서《英祖實錄》卷九十五,《英祖 三十六年 四月 十六日(庚寅)》條의 기사 내용을 보면,

『임금이 춘당대에 나아가 준천소 당상과 낭청에게 시사를 행한 뒤에 잔치를 베풀어 주었다.

…이에 앞서 홍봉한이 역사에 나온 군민의 成册(赴役 軍民의 명단을 책으로 만든 것)을

연용대에서 洗草하고, 이어서 군민의 명단을 청할 것을 청한바, 임금이 이를 윤허하였다(上春塘臺

試射濬川堂郞後賜宴 …先此 洪鳳漢 請赴役軍民成册 洗草鍊戎臺 仍爲設宴 上許之)』하였고,

《濬川事實》의 기록에는,『四월 二十九일(癸卯) 신등은 성상의 하교를 따라, 도청 이하 군졸,

이례에 이르기까지 모두 거느리고 연용대에 모여, 내려 주신 음식을 먹으며 음악으로 흥을 돋우게

하였으니, 대체로 백 일 동안 준천한 노고를 하루 만에 은택을 내려,「문왕, 무왕의 죄었다

늦추었다 하는 도(文武張弛之道)」를 보여주셨습니다(癸卯 臣等 依上教 率都廳以下 至軍卒吏隷

會于鍊戎臺 饋以饌羞 侑以管絃 蓋百日之勞 一日之澤 有以見文武張弛之道)」하였다. 여기서

「文武張弛之道」란,《禮記》《雜記》下에「활을 죄기만 하고 늦추지 않는 것은 文王, 武王도 능히

하지 못한 일이며, 늦추기만 하고 죄지 않는 것은 문왕, 무왕의 道인 것이다(張而不弛 文武弗能也

한 번 조여들게 함이 문왕, 무왕의 道이니, 한 번 늦추고 弛而不張 文武不爲也

一張一弛 文武之道也」라고 하였듯이, 백성들도 오래도록 勞苦만 하고 쉬지 않으면 그 힘이

피로해 버리고, 그와 반대로 놀기만 하고 일하지 않으면 해이해진다는 것을 비유해서 경계한

말이다.

17)《英祖實錄》卷八十三,《英祖 三十年 九月 二日(戊寅)》條,『上曰 子曰 必也正名 湯春臺之名不正

既設京營 時或臨焉 不可不釐正 其更名曰鍊戎臺.』

18)《萬機要覽》《軍政篇》「摠戎廳 公廨」條를 보면,『公廨. ○新營 時영은 연용대에 있다.(신대청 스무

칸, 구대청 스물다섯 칸, 은·돈·쌀창고 예순다섯 칸, 군기고 서른여섯 칸, 중영 대청 열 칸,

집사청 열두 칸, 군기 공장간 스물여덟 칸, 내아 열한 칸, 군기고 번방 열세 칸, 칠색 군물고

열여곱 칸, 월랑 열한 칸, 사정 아홉 칸, 표하군 번방 열세 칸, 고지기 집 열두 칸,

각문 일곱 칸, 구류간 세 칸이다)(公廨 ○新營 在鍊戎臺(新大廳二十間 舊大廳二十五間

銀錢米庫六十五間 軍器庫三十六間 中營大廳十間 執事廳十二間 軍器工匠間二十八間 內衛十一間

標卒番房十三間 七色軍物庫十七間 月廊十一間 下人廳五間 射亭九間 貫革庫三間 庫直家十二間 各門七間 拘留間三間』라고 하였다.

19) 《萬機要覽》〈軍政篇〉「摠戎廳 禁條」에 『영조 庚辰年(一七六〇년, 영조 三十六년)에 하교하여, 북한산성 大成門(大城門이라고도 함)의 도로가 도성의 主脈에 방해됨이 있으므로 폐쇄하여 사용하지 않고 대남문으로 출입하게 하였다(英祖庚辰 下教 以北漢大成門路 有妨於都城主脈 仍閉不用 用大南門出入)』고 하였으니, 대성문이 영조 三十六년 중반기까지는 사용된 것 같다.

20) 영조 三十六년(一七六〇) 四월 十五일(己丑)에 준천을 전담하여 관장하는 상설 기구인 正一품 衙門 濬川司가 설치되었다. 《大典會通》 〈濬川司〉條에 의하면, 『준천사는 도성 안의 川渠를 준설하고 소통시키는 일을 관장한다. (영조 경진년에 창설하였다. 都提調는 時任 議政이 겸임하고, 提調 六員은 병조판서, 한성판윤, 훈련대장, 금위대장, 어영대장이 겸임하며, 나머지 一員은 비국 당상을 啓差한다) 도제조 三員(정일품), 제조 六員(종이품 이상), 도청 一員(정삼품 당상이다. 어영청 千摠이 겸임한다) 낭청 三員(정칠품이다. 동, 서, 남 三道 參軍이 겸임한다) 이다(濬川司 掌疏濬都城內川渠 (英宗朝庚辰刱) 都提調時任議政兼 提調六員 兵曹判書 漢城判尹 訓鍊大將 禁衛大將 御營大將兼 郎廳三員(正七品 東西南三道參軍兼)』라고 하였으며 《大典會通》 卷四, 〈兵典〉「京官職」), 아울러 一員以備局堂上啓差 都提調三員(正一品) 提調六員(從二品以上) 都廳一員(正三品堂上 御營千摠兼 四山을 禁護하고 勾管하게 하였다. 正祖 十四년(一七九〇)에 舟橋司를 창설하여, 行幸 때에 浮橋 등의 일을 맡아 보게 하였는데, 그 직제는 모두 준천사에서 兼管하게 하였으니, 당시의 준천사가 국가기관으로서 얼마나 중요했는지를 알 수 있다.

21) 文散階(문관) 正一품 上階의 品階名.

22) 文散階 正一품 下階의 品階名.

23) 文散階 從一품 上階의 品階名.

24) 文散階 從二품 上階의 品階名.

25) 文散階 從二품 下階의 品階名.

26) 西班 正三品 堂上官의 散階名.

27) 조선조 때 五衛의 으뜸 벼슬. 처음에는 從二품 벼슬로 수효는 열다섯 명이었으나, 임진왜란 뒤에 正三品이 되고 그 수효는 열두 명으로 하였다.

28) 西班 正三品 堂下官의 散階名.

29) 영조 三十六년(一七六〇) 준천 공역 때 역군들을 거느리던 각 군영의 장교. 조선 후기의 三軍門, 곧 訓鍊都監, 禁衛營, 御營廳 등과 각 군영에 두었던 哨官, 教鍊官, 旗牌官, 別武士, 軍官, 別抄, 그리고 각 軍門 將校들은 모두 從九品 武官職이었다.

30) 조선 후기의 삼군문, 곧 훈련도감, 금위영, 어영청 등의 각 軍營에 두었던 正三品 武官職.

31) 《濬川事實》을 보면, 『試射가 끝난 후 賞을 나누어주고 어제 두 편을 내렸는데, 하나는 준천소 여러 신료의 그간의 공로를 치하하여 내려 준 것이고, 다른 하나는 입시한 여러 신료들에게 韻에 화답하여 올리게 한 것이었다. 이윽고 또 궤찬을 내려 주었다(射訖 頒賞 下御製二篇 一則賜濬川諸臣獎其勞 一則使入侍諸臣賡進 既又饋饌)』고 하였다. 앞의 記事를 종합 분석하면, 두 편의 어제 중 하나는, 내가 듣건대 광무제도 뜻이 있으면 마침내 이루어진다고 하였도다(濬川功訖 정성을 다함이었다. 『予聞光武 有志竟成』)를 가리킨다. 그리고 어제사언시 제이편은 《濬川堂郎試射聯句帖》에 수록된 것으로, 禁苑 춘당대에서 시사하던 날, 賜宴하는 자리에서 준천소 堂郎들에게 공로를 치하하면서 입시하였던 여러 신료에게 내려 준 것인데, 내용은 『준천 당랑에게 시사일에 내린 聯句. 입시한 대신·시관, 준천 당상·승지·사관에게 운에 화답하게 하다(濬川堂郎試射日聯句 令入侍大臣試官濬堂承史賡韻)』하고, 『이제서야 준천 공역을 이루었으니 臣民이 힘을 합친 보람이로다. 모름지기 이 정성을 가지고 한번 軍事와 國政을 시행하여 보세(于今濬成 臣民效力 須將此誠 一施軍國)』라고 하여, 「力」자와 「國」자를 운으로 입시한 여러 신료에게 사언시 한 편씩을 화답해 올리게 한 것을 이른다.

32) 洪鳳漢(一七一三-一七七八). 字는 翼汝, 號는 翼翼齋, 本貫은 豊山. 조선 후기의 문신으로 思悼世子의 장인이며, 정조의 외조부이다. 벼슬이 영의정까지 올랐으며 영조를 도와 조선 후기 문예부흥에 많은 업적을 남겼다.

개천과 준천

청계천의 연원과 조성과정, 그리고 준천의 역사

一. 개천의 조성과정과 역사적 변천

一三九四년 八월 十三일(庚辰) 지금의 서울인 한양漢陽을 도읍으로 정한

조선조 태조는,1) 같은 해 十월 二十五일(辛卯) 송도松都 곧

개경開京으로부터 한양으로 천도遷都하게 되었다.2) 그리고 태조

四년(一三九五) 六월 六일(戊辰)에는 한양부漢陽府를 한성부漢城府로

개칭하고,3) 태조 五년(一三九六) 四월 十九일(丙午)에는 오부五部의

행정구역을 정하였다.4) 그러다가 태조 七년(一三九八) 八월에

이른바 「왕자王子의 난亂」5)이 일어났으므로 이로 인하여 정종定宗이

즉위한 다음해인 정종 원년(一三九九) 三월 七일(戊寅) 수도를 다시

송도로 옮겼으나,6) 태종太宗 五년(一四〇五) 十월 二十일(壬午)에 수도를

또다시 한성으로 옮겼고,7) 태종 十년(一四一〇) 二월 七일(戊寅)에는

시전市廛 곧 시장의 점포를 큰 저자大市, 작은 저자小市로 정하는 등

수도로서의 시설을 보완하였다.8)

여기에서는 먼저 수도 서울에 흐르는 하천을 파서 개천開川9)을 만든

조선 초기로부터 조선 후기까지의 역사적 사실을 고전古典을 통해

살펴봄으로써, 개천의 중요성과 이를 준천濬川하지 않을 수 없었던

불가피성을 알아보고자 한다.

본래 수도 서울은 풍수지리적 측면에서 볼 때 장풍득수藏風得水,

산하금대山河襟帶10)의 모든 좋은 조건을 갖추어 전국 제일의 명승지로

꼽히고 있었지만, 세상에는 완전한 것이 없어 한성의 지리 또한

여러 가지 흠을 지니고 있었다.

서울의 안산案山인 목멱산이 약간 낮아 사산四山(도성 사방의 산)에서

흐르는 물이 곧장 남쪽으로 흘러서 한강漢江에 유입流入했더라면,

조선조 오백여 년을 통해서 개천이나 준천 같은 큰 공역工役을

치르지 않아도 되었을 것이며, 홍수 때마다 큰 피해를 입지도

앉았을 것이다.

본래 서울은 산간분지인데다가 해마다 장맛비에 시냇물이 불어나 물이 넘쳐 민가가 침몰되는 까닭으로, 백악산白岳山, 인왕산仁王山, 타락산駝駱山, 목멱산木覓山 등 사산에서 흘러내리는 물과 민가의 하수구에서 배출되는 물의 처리에 곤란을 겪고 있었다. 이에 태종 十一년(一四一一)에는 서울 한가운데를 관통하는 천거川渠(하천)를 개착開鑿해서 여간한 장맛비에도 견딜 수 있게 하는 큰 역사役事를 벌이기 위하여 하천을 파는 일을 의논하였다. 그리하여 태종 十一년 윤十二월 一일(丁巳)에,

『임금이 말하기를, 「이 도성에 하천을 파는 일을 각 도에 이문移文(공문서를 보냄)하였는가」하니, 좌정승 성석린成石璘이 대답하였다. 「명년 二월 초하루에 역사를 시작하기로 이미 충청도, 강원도에 이문하였습니다.」 임금이 말하기를, 「금년은 윤十二월 十五일이 입춘立春이니 정월의 기후가 반드시 따뜻할 것이다. 二월을 기다리면 농사 시기를 빼앗을까 염려되니, 정월 보름이 되는 때에 부역赴役하도록 하라. 금년에는 경상도, 전라도도 조금 풍년이 들었으니, 또한 소집하는 것이 좋겠다.……의정부에서 아뢰기를, 「충청도, 강원도, 전라도 군사는 사만 명입니다」하므로 임금이, 「하천을 파는 일이 거창한데 군인의 수가 적다」하였다. 의정부에서 다시 아뢰었다. 「오만 명으로 하고 정월 十五일에 역사를 시작하는 것이 어떻겠습니까.」 임금이, 「옳을 것이다」하였다. 안동 대도호부사安東大都護府事 최용소崔龍蘇, 충청도 도관찰사 한옹韓雍 등이 와서 말하였다. 「갑사甲士, 선군船軍과 그 조호助戶(병역에 복무하는 사람의 뒷바라지를 하는 민가民家, 봉족奉足)는 다른 역사에 참여하지 말라는 것이 이미 영갑令甲(政令 또는 法令)에 나타나 있습니다. 지금 하천을 파는 군인을 조달하자면 수를 채우기가 어려우니, 비록 이런 호戶라도 인정人丁이 많으면 아울러 초집抄集하여 가을을 기다려서

1) 《太祖實錄》 卷六, 〈太祖 三年 八月 十三日(庚辰)〉條.

2) 《太祖實錄》 卷六, 〈太祖 三年 十月 二十五日(辛卯)〉條.

3) 《太祖實錄》 卷七, 〈太祖 四年 六月 六日(戊辰)〉條에, 『한양부를 고쳐서 한성부라 하고, 그 지방의 아전과 백성들은 見州로 옮기고 양주군으로 고쳤다(改漢陽府爲漢城府 移其吏民于見州 改爲楊州郡)』고 하였다.

4) 《太祖實錄》 卷九, 〈太祖 五年 四月 十九日(丙午)〉條.

5) 조선조 太祖 七年 戊寅(一三九八)에 있었던, 「왕자의 난」으로 불리는 왕실 중심의 일대 변란을 말한다. 이 변란으로 인하여, 태조의 절대적인 신임을 받아 오던 개국공신 鄭道傳, 南誾 등 많은 인물들이 살육되고, 繼妃 神德王后 康氏의 소생인 芳蕃과 세자 芳碩이 제거되었다. 그리고 「왕자의 난」에 앞장서고 그것을 주도했던 靖安君(후의 太宗) 芳遠이 시도한 대로, 태조의 퇴위와 정안군의 둘째 형인 永安君(定宗)의 즉위로 정국이 수습된 사건을 이른다.

6) 《定宗實錄》 卷二, 〈定宗 元年 三月 七日(戊寅)〉條.

7) 《太宗實錄》 卷十, 〈太宗 五年 十月 二十日(壬午)〉條.

8) 《太宗實錄》 卷十九, 〈太宗 十年 二月 七日(甲辰)〉條를 보면, 『市廛의 큰 저자大市를 정하였으니, 장통방 위쪽은 미곡·잡물로 하여, 동부는 연화동구, 남부는 훈도방, 서부는 혜정교, 북부는 안국방, 중부는 광통교에 이르게 하고, 우마는 장통방 아래 개천 곁으로 정하였다. 여항의 작은 저자小市는 각기 사는 곳의 문 앞에서 행하게 하였다(定市廛大市 長通坊以上 米穀雜物 東部則蓮花洞口 南部則薰陶坊 西部則惠政橋 北部安國坊 中部廣通橋 牛馬則長通坊下川邊 閭巷小市 各於居門前)』라는 기록이 있다.

역사하게 하는 것이 옳을까 합니다.」 임금이 지신사知申事 김여지金汝知에게 명하여 영의정부사 하륜河崙, 좌정승 성석린, 우정승 조영무趙英茂에게 의논하고, 인하여 명하였다. 「내가 송도에 있을 때에 인가가 점점 많아져서 성 안에 거의 가득 찼었는데 마음속으로 생각하기를, 부왕께서 개국하고 한양에 도읍을 세웠는데 버리고 여기로 온 것은 참으로 불가하다고 여겼기에, 여러 신료들과 협의를 하여 천도하였다. 해마다 장맛비에 냇물이 불어나 물이 넘쳐 민가가 침몰되니, 밤낮으로 근심이 되어 개천 길을 열고자 한 지가 오래이다. 이번 이 일이 백성에게 피해가 없겠는가. 잠시 후년을 기다리거나 혹 자손 대에 이르게 하는 것이 또한 옳지 않겠는가.」 하륜이 말하였다. 「기쁨으로 백성을 부리고, 백성을 적당한 시기에 부리는 것은 예전부터 있던 도道입니다. 만일 의리에 합한다면, 비록 칼날에 죽더라도 또한 그 분수가 있는 것입니다. 기쁘게 하는 도리는 창고를 열어서 양식을 주고 밤에는 역사를 쉬게 하여 피로해서 병이 나지 않게 하는 것이 가장 좋습니다.」 성석린, 조영무도 또한 말하였다. 「하천을 파는 일은 폐지할 수 없습니다. 때는 바야흐로 농한기이니, 무엇이 불가한 것이 있겠습니까.」 임금이 그렇게 여겼다. 예조禮曹에서 상언하였다. 「월령月令에, 정월에는 대중大衆을 일으키지 말라고 하였는데, 지금 대중을 움직여 하천을 파는 것이 또한 경첩의 절후를 당하였으니, 청컨대 잠시 정지하소서.」 임금이 말하기를, 「하천을 개착하는 데 편하고 불편한 것은 의정부와 승정원이 이미 알고 있다」 하고, 드디어 의정부에 내리니, 의정부에서 아뢰었다. 「신도新都의 이 역사는 급히 하지 않을 수 없습니다. 또 지금 기계가 이미 갖추어지고 군인의 수가 이미 정해졌으니, 정지하여 파할 수 없습니다.」 임금이 그대로 따랐다.」11)

이러한 여러 의논 과정을 거쳐 역사를 시작하게 되었다. 그리하여 태종 십이년 일월 십사일(庚午)에는 개거도감開渠都監을 설치하고, 성산군星山君 이직李稷, 공조판서 박자청朴子淸, 지의정부사知議政府事 이응李膺을 제조提調로 삼고, 이날 하천을 개착할 기초를 마련하여 전라도, 경상도, 충청도 삼도三道 군인으로 하여금 정월 십오일에 역사를 시작하게 하였다.12) 그리고 태종은 한편으로 이 역사에 동원되는 역군역군役軍의 처우에도 세심한 배려를 기울였으니, 태종 십이년 일월 십일에는,

『개천도감開川都監에 역군사의 역군사役軍事宜를 내렸다. 명하기를, 「군인이 일하고 쉬는 법은 파루罷漏 뒤에 역사를 시작하여 인정人停 전에 휴식하게 하라. 만일 명령을 어기고 백성을 과중하게 역사시키는 자가 있으면 마땅히 중하게 논죄하겠다」 하고, 또 병조와 순금사巡禁司에 명하기를, 「인정 이후부터 파루 전까지 백성을 역사시키는 자가 있으면 감역관을 죄주겠다」 하고, 또 정부에 명하기를, 「전의감典醫監, 혜민서惠民署, 제생원濟生院 등의 사司로 하여금 미리 약藥을 만들고 또 막幕을 치게 하여, 만일 병이 난 자가

있으면 곧 구제 치료하여 목숨을 잃지 말게 하라」하고, …개천도감 제조를 더 두었는데, 남성군南城君 홍서洪恕, 화성군花城君 장사정張思靖, 희천군熙川君 김우金宇, 총제摠制인 김중보金重寶 유습柳濕 이지실李之實 김만수金萬壽 유은지柳殷之 이안우李安愚 황록黃祿 등이고, 또 사사使와 판관 서른세 명을 더 두었다.」13)

군자감軍資監의 쌀 일만사백 석을 내어서 군인들에게 각각 석 두斗씩을 주어 반달 동안의 양식을 준비하게 하고, 군인들 중에

부모의 상喪을 입은 자의 수가 삼백 명에 이르렀는데, 모두 귀향시키는 등의 조처를 취했다.14) 그리고 수시로 개천도감에 내온內醞(임금이 신하에게 내려 주는 술, 宣醞)을 내려 준다든가 역군들에게 불평이 없도록 대우하여 민심을 수습시켰으므로, 도성 안을 관통하여 흐르는 개천 배수 공사가 당시로 보아서는 정말 방대하고 힘든 일이었지만 면밀한 계획과 여러 조치의 뒷받침을 받아 순조롭게 진행되었으니, 공역을 시작한 후 한 달 뒤인 二월 十五일에 준공을 보게 되었다. 태종 十二년 二월 十五일의 기록에는,

『개천 길은, 장의 동구藏義洞口에서 종묘 동구宗廟洞口까지와

---

9) 《新增東國輿地勝覽》〈漢城府〉「山川 開川」條에, 『백악산・인왕산・목멱산 여러 골짜기의 물이 합하여 동쪽으로 흘러내려, 도성 가운데를 가로질러서 三水口로 나와서 중량포로 들어간다(開川 白岳仁王木覓諸谷之水 合而東流 橫貫都城中 出三水口 而入于中梁浦)』라고 하여, 개천을 白岳山・仁王山・木覓山 등과 동렬에 두어 하나의 고유명사로 다루고 있다. 그러나 자연으로 흐르는 하천은 「개천」이라 하지 않았으며, 개천이란 반드시 人工이 가해진, 사람의 손으로 開鑿한 냇물(川)이어야 하고, 도랑(溝渠)보다는 규모가 큰 것을 표시하는 보통명사였다. 또 川渠라는 용어도 《說文》의 註에 의하면, 『河者天生之 渠者人鑿之』라 하였으니, 「江河란 자연 그대로 흐르는 것이고, 천거란 사람이 개착한 도랑이나 하천을 뜻한다」고 하겠다. 「清溪川」이라는 이름은 일제 때 서울의 지명을 개정할 당시에 붙여진 이름이며, 조선시대 말기까지는 「개천」으로만 불렀다. 손정목, 〈개천과 교량〉《서울 육백년사》제一권, 서울시사편찬위원회, 一九七七, 三三○쪽.

10) 「藏風得水 山河襟帶」라는 말은 「바람을 막고 물 흐름의 이득을 얻으며, 산과 강에 둘러싸인 자연의 要害處」라는 뜻이다. 요즈음 풍수설을 믿는 사람은 거의 없다. 전근대적이고 비합리적인 유물이라고 단정하기 때문이다. 그런데도 근년에 들어와서는 학문적 연구 대상으로 부각되고 있는가 하면, 수도 이전 문제가 거론될 때마다 紙上에 오르곤 한다. 「風水」는 「藏風得水」의 준말이라 하면. 땅 속을 흐르고 있는 정기가 바람에 의해 흩어지지 않고 물에 의해 방해되지 않는 도성이나 주거지 등을 선택하여 말하는 것이다. 그런 조건을 갖춘 장소에 산과 강의 형세를 따라 도성이나 주거지 등을 선택하여 축조하게 되면, 그 후세는 그 정기를 받아 災禍를 물리치고 번영을 누리게 된다고 믿는 것이 풍수사상이다.

11) 《太宗實錄》 卷二十二, 〈太宗 十一年 閏十二月 一日(丁巳)〉條, 『議開渠事 上曰 此都開渠事 移文各道乎否 左政丞成石璘對曰 明年二月初一日 始役事 已移文忠清江原道矣 上曰 今年閏十二月十五日立春 正月氣候必暖 待二月則恐奪農時也 宜令正月望時赴役 今年慶尚全羅道稍稔 亦宜早招集 : 議政府啓曰 忠清江原全羅道軍 共四萬人 上曰 開渠事巨 軍數必多 正月十五日始役 何如 上曰 可 安東大都護府事崔龍蘇 忠清道都觀察使韓雍等來言 甲士船軍 及其助戶 毋與他役 曾有著令 今調開渠軍 難以充數 雖此戶多有人丁 則許令幷抄 待秋役之可也 上命知申事金汝知等 議于領議政府事河崙 左政丞成石璘 右政丞趙英茂 仍命曰 予在松都 見人家漸多 幾滿城中 心切以爲我父王 開國建都于漢陽 棄而來此 誠不可也 乃與群臣協謀而遷 年年霖雨 川漲水溢 民戶墊溺 使民以時 古之道也 今此之擧 無乃有弊於民乎 姑待後年 或至子孫 不亦可乎 崙曰 悅以使民 使民以時 雖死於義 民亦無憾 況不死者乎 霖雨之災 豈可坐待 亦其分也 悅以之道 無如發倉給糧 夜則停役 勿令勞困生病 石璘英茂亦曰 開渠不可廢也 時方農隙 何有不可 上然之 禮曹上言曰 毋起大衆 今動衆開渠 且值啓蟄之候 請姑停之 上曰 開渠便否 議政府承政院已知之矣 遂下政府 政府啓曰 新都此役 不可不亟也 且今器械已備 軍數已定 未可停罷 從之。』

12) 《太宗實錄》卷二十二, 〈太宗 十一年 閏十二月 十四日(庚午)〉條。

문소전文昭殿과 창덕궁昌德宮 문 앞은 모두 석축으로 쌓고, 종묘 동구에서 수구문水口門까지는 나무로 방축을 만들었으며, 대광통교大廣通橋, 소광통교小廣通橋, 혜정교惠政橋 및 정선방 동구貞善坊洞口와 신화방 동구神化坊洞口 등의 다리를 만드는 데는 모두 돌을 썼다. 명하여, 개천 공사에 동원된 역도役徒를 놓아주라고 하니, 많은 사람들이 같은 말로, 「전번에 성을 쌓을 때에는 밤에 편히 잠자지 못하여 사람이 많이 병들어 죽었는데, 금년의 역사에는 오로지 주상의 은혜를 입어, 낮에는 역사하고 밤에는 잠자기 때문에 병들어 죽은 사람이 많지 않았다」 하였다.15)

라고 기록되어 있다. 이 공역의 결과, 그후 거의 오백구십 년이 지난 오늘날까지 「개천」 또는 「청계천」이라는 이름으로 자연수와 생활 폐수가 서울 시내의 중심부를 관통하여 흐르고 있는 것이다.

그런데 태종 십二년에 있었던 개천 공사는 하천의 본류本流에 대한 큰 개천 길만을 개착한 것이고, 지류支流와 세천細川은 아직 자연 그대로의 상태였다. 그리고 성곽 아래에 설치한 수구水口가 좁아 큰비가 내리게 되면 개천에 모인 대량의 물이 빠져 나가지 못해 다음해부터 또 수해를 입었다.16) 이러한 사정을 《태종실록》에서는 〈태종 十三년 五월 二十三일〉조에,

「큰비가 내렸다. 임금이 말하였다. 『경성 안의 개천가에 있는 백성의 집을 즉시 한성부로 하여금 살펴보게 하여 물에 떠내려가거나 가라앉지 말게 하라.』」17)

하였고, 〈태종 十八년 五월 二十三일〉조에는,

「큰비가 내렸다. 경도의 개천 물이 넘쳐 교량이 떠내려가고 가라앉았다.」18)

하였으며, 〈태종 十八년 五월 二十六일〉조에도,

「큰 바람이 불고 비가 왔다. 물이 성중城中에 넘쳐 개천가의 집 가운데 떠내려가거나 가라앉은 것이 수십 채였는데, 모두 가산을 유실하였다. 또 정인사正因寺 뒷산이 무너져 절을 덮쳐서 죽은 승도僧徒가 다섯 명이었다.」19)

하였고, 이튿날인 〈태종 十八년 五월 二十七일〉조에도 또한,

「큰비가 왔다. 물이 넘쳐서 온 저자가 냇물이 되니 사람들이 능히 다닐 수 없었다.…」20)

고 기록되어 있다.

개천 공사를 마쳤는데도, 이와 같이 번번이 수해를 입었다. 태종은 그 원인이 개천 공사가 불비한 데 있다는 것을 알고 있으면서도,

만대萬代의 기초를 일시에 성취하려는 것은 지나친 것이고, 백성을
너무 자주 동원할 수 없다는 심려에서 자신의 재위 중에는 다시는
공역을 일으키지 않고 견디어 나갔다.

그러나 태종조太宗朝에 개천 공사가 있은 지 십 년 뒤인 세종世宗
三년(一四二一) 六월 七、八、九일에 큰비가 계속 와서 많은 익사자를
내었는데, 《세종실록》의 〈세종世宗 三년 六월 七일〉조 기록을 보면,
풍양궁豐壤宮을 시위侍衛하는 군영이 거의 물에 떠내려가기에

『큰비가 물을 퍼붓듯이 내려서 평지에 물이 두서너 자나 넘쳤다.

이르렀다.』21)

하였고, 〈세종 三년 六월 八일〉조에도,

『흙비가 내려서 자욱하게 어두웠다.』22)

하였으며, 이튿날인 〈세종 三년 六월 九일〉조에도 또한,

『임금이, 오랫동안 비가 내려 벼가 상할까 염려하였다.』23)

고 하였는데, 며칠도 되지 않아 十二일에도 큰비가 와서 개천에 물이
넘쳤다. 특히 개천 하류가 막혀서 인가人家 일흔다섯 호가
떠내려가고, 통곡하는 소리가 여기저기에서 들렸다. 많은 사람들이
지붕에 올라가고 나무 위에 올라가 피했지만 적지 않은 수의
익사자가 나서 이제는 더 이상 지체할 수 없는 상황에 이르렀다.24)
때문에 세종 三년 七월 三일에는 판한성부사 정진鄭津 등이 상소를

13)《太宗實錄》卷二十三,〈太宗 十二年 一月 十日(乙未)〉條,『下開川都監役軍事宜 命曰 軍人作息之法 罷漏後始役 人停前放歇 如有違命 役民過重者 當重論 又命兵曹巡禁司曰 人停後罷漏前 有役民者 則罪監役官 又命政府曰 令典醫惠民署濟生等司 預劑藥餌 且令結幕 如有病者 便行救治 不使隕命…』加置開川都監提調 南城君洪恕 花城君張思靖 熙川君金宇 摠制金萬壽 柳濕 李之實 李安愚 惠祿等也 又加使及判官三十三人。

14)《太宗實錄》卷二十三,〈太宗 十二年 一月 十五日(庚子)〉條.

15)《太宗實錄》卷二十三,〈太宗 十二年 二月 十五日(庚午)〉條,『開川役告訖 自藏義洞口 至宗廟洞口 以木作防築 作大小廣通惠政 文昭殿與昌德宮前 皆以石築之 自宗廟洞口 至水口門 及貞善坊洞口神化坊洞口等橋 皆用石 命放開川役徒 萬口同辭曰 前此築城之時 夜不安枕 人多病死 今年之役 專荷上恩 晝役夜寢 病死者不多。』

16) 손정목,〈개천과 교량〉《서울 육백년사》제一권, 서울시사편찬위원회, 一九七七, 三一八쪽.

17)《太宗實錄》卷二十五,〈太宗 十三年 五月 二十三日(辛丑)〉條,『大雨 上曰 京城內川邊民舍 漂沒人家七十五 哭聲相聞 或有登屋攀樹以免者 溺死者頗多 上軫慮 命戶曹 賻死者父母妻子。』

18)《太宗實錄》卷三十五,〈太宗 十八年 五月 二十三日(壬申)〉條,『大雨 京都開川水溢 橋梁漂沒。』

19)《太宗實錄》卷三十五,〈太宗 十八年 五月 二十六日(乙亥)〉條,『大風以雨 水溢城中 川邊之家 漂沒者數十 皆失家産 又靜因寺後山頹壓 寺僧徒死者 五名。』

20)《太宗實錄》卷三十五,〈太宗 十八年 五月 二十七日(丙子)〉條,『大雨 水溢大市爲川 人不能行…』。

21)《世宗實錄》卷十二,〈世宗 三年 六月 七日(戊戌)〉條,『大雨如注 水漲平地數尺 豐壤侍衛軍營 幾至漂溺。』

22)《世宗實錄》卷十二,〈世宗 三年 六月 八日(己亥)〉條,『雨土濛昧。』

23)《世宗實錄》卷十二,〈世宗 三年 六月 九日(庚子)〉條,『上以久雨 傷禾爲慮。』

24)《世宗實錄》卷十二,〈世宗 三年 六月 十二日(癸卯)〉條,『大雨 京城川渠汎溢 下流於塞 卽令漢城府察之 毋致漂沒。』

올렸는데, 그 내용은 다음과 같다.

『...신묘년(태종 十一년)에 상왕 전하께서 천거를 개착하지 못하고 봇도랑(溝洫)을 쳐내지 못한 것을 우려하여, 유사有司에 명하여 「개천 길을 크게 넓히고 깊이 파서 터놓아, 각각 그 소통이 잘 되도록 하라」 하시고, 인하여 돌다리를 만들어 나라가 반석같이 견고하게 되고, 백성이 편안히 잠잘 수 있는 즐거움을 얻었으니, 만세토록 후환後患을 예비하는 생각이 극진하였습니다. 그런데 지류와 세천을 다 개착하지 못하였으므로, 유사가 오랫동안 쌓은 공功이 허사로 돌아가지 않도록 의견을 올렸으나, 상왕 전하께서는 백성의 힘쓰는 것을 중하게 여기고, 만세의 터전을 반드시 한때에 이룰 수는 없다고 하여, 역사가 때를 넘기지 못하게 하고 인하여 그 역사를 중지시켰으니, 나라를 근심하고 백성을 사랑하는 그 뜻이 지극히 깊고 간절하였으니. 삼가 생각하건대, 주상 전하께서는 큰 공덕을 계승하시고 부왕의 뜻과 사업을 이어받아, 한 사람의 힘과 열 집의 재산을 아껴서 무릇 공역을 일으키려 하면, (성상께서) 굳이 거절하고 즐거이 따르지 않으셨으니, 하늘을 공경하고 백성에 마음 쓰시는 생각이 지극하지 않음이 없었습니다. 지금 한 달이 넘어도 비가 그치지 않으며 지난달 十二일 밤에는 큰비가 와서 물이 넘쳐 하류가 막혔으니, 도성 안이 다시 침몰될 지경에 이르렀습니다. ...신 등은 도읍을 관장하는 직분을 맡았으니, 감히 입을 다물고 있을 수 없으므로 삼가 한두 가지의 소견을 다음에 조목별로

열거합니다.

一, 두 곳의 수문은 좌우의 옹성甕城이 좁아서 도성 안 여러 곳의 물이 합류하면 진흙이 쌓여 물이 막히므로 동부의 창선방彰善坊에 재해를 입는 것이 더욱 심하니, 유사로 하여금 적당한 곳을 가려서 별도로 수문 하나를 더 만들어 물길을 소통시켜 물이 넘치는 것을 줄게 할 것.

一, 종루鍾樓 이하의 지면은 모두 낮아서 도성 안의 물이 한 곳으로 몰려들게 되면 많은 집들이 물에 뜨고 침몰되는 형세이니, 개천을 더 깊고 넓게 파서 수재水災에 대비해야 하며, 또 좌우 행랑 뒤에도 큰 도랑 하나를 파서 편리하게 할 것.

一, 진장방鎭長坊 산골짜기의 여러 곳에서 물이 세차게 흘러 격류로 쏟아져 내리는 까닭으로 경복궁 동쪽의 내성內城이 몇 자가량이나 무너졌으니, 만약 수년 동안 이대로 지나면 성내城內를 다 삼켜서 그 형세를 막을 수 없을 것이니 하천을 넓히고 돌을 포개어 쌓아야 될 것이며, 경복궁 서성西城 밖에도 또한 개천을 넓혀 물 흐름을 소통시켜야 할 것.

一, 정선방에 있는 한 개의 다리, 연화방蓮花坊에 있는 두 개의 다리, 창선방에 있는 세 개의 다리, 덕성방德成坊에 있는 한 개의 다리 등 이상의 일곱 개 다리는 거가車駕(임금이 거동할 때에 타는 수레)가 상시 지나는 곳이라, 견고하게 하지 않을 수 없는데도 목교木橋라서 여름 장마 때를 당하면 반드시 썩어 무너지게 되니, 석교石橋로

만들게 할 것.

등을 건의하니, 임금이 공조工曹에 명하여 농한기를 기다려 시행하도록 하였다.」25)

세종은 태종 때와는 달리 일시에 큰 공역을 일으키지 않았으며, 세종 四년 정월부터 十六년 二월까지의 십여 년 동안 농한기만을 이용하여 보수, 확장을 거듭함으로써 개천의 배수 기능을 완비해 갔다. 즉 《세종실록》〈세종 四년 一월 十六일〉조를 보면,

『도성수축도감都城修築都監에서 아뢰기를, 「도성의 수문水門 수가 적으므로, 전년의 장마 때는 냇물이 불어 넘쳐서 개천가川邊의 인가가 물에 잠긴 것도 있었습니다. 전부터 있던 수문 세 칸間에 한 칸을 더 만들고, 남쪽 수문 두 칸에 한 칸을 더 만들게 하소서」 하니, 임금이 그대로 따르고, 인하여 인력에 여유가 있으면 천변의 좌우에 모두 돌로 개천의 제방을 쌓게 하였다.」26)

고 하였으며, 이제부터는 공조工曹에서 이를 주관하도록 하라」27)고 명하였다. 그러다가 세종 八년 六월부터 수성금화도감修城禁火都監을 설치하여, 성의 수리, 화재火災 방지, 천거의 소통, 도로와 교량 등의 일을 모두 관장하게 하였다.28)

세종조에 실시한 개천 공사의 내용은,

① 지류와 세천의 개착 정비.

② 종로로부터 하류의 개천을 더욱 넓고 깊게 개착한 일.

---

25)《世宗實錄》卷十二,〈世宗 三年 七月 三日(癸亥)〉條,『判漢城府事鄭津等上疏曰 …歲在辛卯 上王殿下 慮川渠之未鑿 溝洫之未浚 爰命有司 大開川路 疏鑿決排 各盡其宜 因造石橋 邦家有盤石之固 民庶得安枕之樂 爲萬世備患之慮 至矣盡矣 然而支流細川 有未盡開鑿者 有司獻議 以畢九仞之功 上王殿下 重用民力 以爲萬世之基 不必遽成於一時 役不踰時 仍罷其役 其憂國愛民之意 至深切矣 恭惟主上殿下 纘承丕緒 繼志述事 愛一夫之力 惜十家之産 凡有興作 深閉固拒 未肯俯從 敬天勤民之念 靡所不至矣 今者雨水 逾月不止 前月十二日之夜 大雨水溢 下流淤塞 都城之內 復有墊溺之患… 臣等職掌都邑 不敢含默 謹以一二管見 條列于後。一兩處水門 左右甕城狹隘 都城內衆水合流 淤東部彰善坊 被災尤甚 願令有司 相地之宜 別作一水門 以通水道 庶免此患 上命工曹 待農隙施行。』

26)《世宗實錄》卷十五,〈世宗 四年 一月 十六日(甲戌)〉條에,『都城修築都監啓 都城水門數少 前年霆雨 川水漲溢 川邊人家 或有沈溺 在前北邊水門三間 加一間 南邊水門二間 加一間造築 上從之 仍命人力有餘 則川之左右 皆築石開川』이라고 하였다.

27)《世宗實錄》卷十八,〈世宗 四年 十一月 十六日(己巳)〉條,『命京中川渠橋梁 今後工曹主之。』

28)《世宗實錄》卷三十二,〈世宗 八年 六月 十九日(辛巳)〉條,『吏曹啓 城門禁火兩都監 常時皆無可治之事 各別設立 俱有使令供億之弊 宜拼合 稱爲修城禁火都監 其修城禁火疏導川渠修道橋梁等事 並令專掌 從之。』

一鍾樓以下 地皆卑下 都城之水 輻輳建瓴 家舍漂溺 埋勢必至 願令有司 開川疊石 以防水道 一鎭長坊山谷衆水 奔流激破 故景福宮東面內城若干尺頹圮 若復數年 幾盡城內 其勢莫遏 願令有司 開川疊石 以防水道 因其舊渠 鑿開川路 既深且廣 以備水災 又於左右行廊之後 開一大渠 庶爲便盆 景福宮西城之外 亦宜開川決流 其餘開渠穿鑿之處 難以遍擧 願令有司 臨時量宜施行。一貞善坊橋一 蓮花坊橋二 彰善坊橋三 德成坊 右七橋 車駕之所常行 不可不堅緻牢固也 先是 皆作木橋 一經雨水 則盡爲漂流 材木之費 勞民之役 無歲無之 且當暑雨之時 必至朽敗 其不堅牢明矣 請命有司 俾作石橋 庶免此患 上命工曹 待農隙施行。』

③ 수문水門의 증설과 개천 좌우 제방의 축석築石, 종묘 동구에서 수구문까지 돌로 쌓은 것.

④ 종로鍾路 좌우 행랑 뒤에 큰 도랑大渠을 개착한 일.

⑤ 태종 때 목교였던 정선방 다리, 연화방 다리, 창선방 다리, 덕성방 다리 등 일곱 개의 다리를 석교石橋로 설치한 일.

⑥ 모화루慕華樓 앞과 건춘문建春門 밖에 새 개천을 조성한 일.

등이 주된 것이었고, 이것으로 도성 내외의 개천 공사는 사실상 종결되었다.29)

그런데 위의 사항들 중에서 건춘문 밖의 개천 공사는, 세종 삼년 七월 三일에 판한성부사 정진 등이 올린 상소 중에서 경복궁 동쪽에 하천을 넓히고 돌을 포개어 쌓아야 된다는 것이 이에 해당한다. 《세종실록》의 《세종 十六년 二월 一일》조에, 『경기京畿의 선군을 사역하여 건춘문 밖의 개천을 소통시켰다』고 하였으니, 도성 안 개천 공사의 최종 사업으로 경기 선군을 사역하였음을 알 수 있다.

한 가지 유의해야 할 것은 모화루 앞 하천의 개착 공사이다. 《세종실록》의 《세종 十二년 六월 七일》조를 보면, 대사헌大司憲 이승직李繩直 등이 올린 상소에,

『모화루는 중국 사신을 영접하는 곳인데 쓰러질 위험이 있으므로 인하여 부득이 개조하는 것이니, 다른 영선營繕(관아의 건물이나 교량을 수선하는 일)에 비할 바가 아닙니다. 안순安純 홍리洪理 등은 감독하는 명을 받았으니, 진실로 자세히 살피고 신중하며 집 짓는 제도를 규격에 맞도록 해야 옳을 것인데, 이에 마음을 쓰지 아니하여 높고 낮음을 맞지 않게 해서 고쳐 지었으며, 개천에 이르러서는 석축한 지 며칠이 아니 되어 한 번 빗물이 닥치자 거의 다 무너졌으니, 허망하게 재력財力을 낭비하고 전혀 감독할 뜻이 없었던 것이 명백합니다. …엎드려 바라건대, 안순, 홍리 등의 죄를 율律에 따라 시행하여 뒷사람들을 경계하게 하소서.』31)

라고 하여 공역 감독관의 죄를 논의하였으며, 또 같은 달 二十六일에, 『임금이 묻기를, 「모화루의 개천을 수축하는 일이 지금 끝났는가」 하니, 동부대언同副代言 윤수尹粹가 대답하기를, 「마치지 못하였습니다」 하므로, 임금이, 「지금 한참 더위에 백성들을 수고롭게 하여 오랫동안 부역을 시키는 것은 매우 불가하니, 다만 그 무너진 것만 보수하고 나머지는 가을을 기다려서 다시 수축하라」 하였다.』32)

라고 기록되어 있으니, 이 무렵에 모화루 근처에서 개천 공사가 있었음을 알 수 있다. 따라서 조선 전기의 개천 공사는 오늘날의 청계천 본류와 지류, 세천뿐만 아니라, 필요에 따라서는 도성 밖의 천거도 개착 정비하였음을 짐작케 한다.

二, 개천의 유지 관리와 오염 방지책

개천의 유지 관리는, 앞에서 이미 언급한 바와 같이 태종 十二년에
실시한 공역 때에는 개천도감을 두었고, 그 아래 다수의 제조提調를
임명하여 역사役事를 감독하였다. 이어 세종 三년 七월 三일에
판한성부사 정진 등의 상소가 있었을 때는 임금이 공조에서
시행하도록 하였으며, 세종 四년 一월 十六일에 수문을 증설하고
개천의 좌우에 축석을 한 것은 도성수축도감에서 역사를
담당하였다. 그리고 세종 四년 十一월 十六일(己巳)에는, 서울 안의
천거川渠와 교량을 앞으로는 공조에서 주관하도록 명했다. 그러나
수성금화도감修城禁火都監을 설치하여 성의 수리, 화재 방지, 그리고
〈세종 八년 六월 十九일(辛巳)〉조에는 이조吏曹의 건의로
천거와 교량의 업무도 모두 관장하게 하였다.
따라서 개천 공역이 끝나고 교량도 모두 제대로 가설되어 큰 파손이
없으니, 천거와 교량에 대한 일은 따로 규정할 필요가 없다고
판단되었고 이후로는 자연히 등한시되어, 사석沙石과 오물이 쌓이고
개천 둑이 무너진다든가 개천가에 집을 짓는 등 개천 관리가
소홀하여, 훗날 영조 때에 대규모의 준천 공역을 실시해야 하는

원인이 되었다.

그런데 세종 때에 개천의 오염을 염려하고 이를 방지함으로써 도성
안의 청결 유지를 주장한 의견도 있었으니, 그 내용은 다음과 같다.
즉 세종 二十六년 十一월 十九일(甲午)에,

『집현전 수찬修撰 이선로李善老(李賢老)가 청하기를, 「궁성宮城 서쪽에
저수지를 파서 영제교永濟橋로 물을 끌어넣을 것이며, 또 개천
물에는 더럽고 냄새나는 물건을 버리지 못하도록 금지하여
명당수明堂水를 청결히 해야 하겠습니다」하니, 하교하여 그 일을
의논하게 하였다. 영의정 황희黃喜, 우의정 신개申槩, 좌찬성
하연河演, 우찬성 황보인皇甫仁, 예조판서 김종서金宗瑞, 우참찬
이숙치李叔畤, 예문대제학 정인지鄭麟趾, 판한성부사 이맹진李孟畛,
예조참판 윤형尹炯 등이 의논하기를, 「저수지를 파는 일은 내년
가을을 기다려서 다시 의논하기로 하고, 개천의 물은 오부五部와
한성부 낭청, 수성금화도감 낭청으로 하여금 성 안의 각 가호家戶를
나누어 맡아서 더럽고 냄새나는 물건을 개천에 버리지 못하게 하여
정결하도록 힘쓰게 하고, 한성부 당상과 금화도감 제조가 항상
고찰考察을 더하고 또한 사헌부로 하여금 무시無時로 규찰 검거하게

29) 손정목,〈개천과 교량〉《서울 육백년사》제一권, 서울시사편찬위원회, 一九七七, 三一九쪽。

30)《世宗實錄》卷六十三,〈世宗 十六年 二月 一日(己酉)〉條,『役京畿船軍 開川于建春門外。』

31)《世宗實錄》卷四十八,〈世宗 十二年 六月 七日(丙子)〉條,『丙子 大司憲李繩直等上疏曰 慕華樓
迎接使命之所 乃緣傾危 不得已改造 非他營繕之比也 安純洪理等 受命監督 固當詳察謹慎 使造家之制

32)《世宗實錄》卷四十八,〈世宗 十二年 六月 二十六日(乙未)〉條,『上問 慕華樓開川修築 今已訖乎
同副代言尹粹對曰 未畢 上曰 今方盛暑 勞民久役 甚爲不可 但補其圮毀 其餘 竢秋更築。
合於繩墨 乃不用心 使高低失中 以致改造 至若開川 則築石不日 一遇雨水 圮毀殆盡 其安費財力
專無監督之意 明矣 …伏望將純理之罪 依律施行 以戒後來。』

하소서」 하였다。[33]

하고、의견의 일치를 보았는데、 좌참찬 권제權踶가 상서上書하기를、

『풍수설은 의논하는 자가 한둘이 아니고 이치에 거슬리고 어긋나는 것이 없지 아니하므로、 한 서적에서 말한 것을 가지고 결정하기는 어려울 것 같습니다。 더구나 그 글에는 묘묘墓와 우단雩壇(비가 오기를 비는 祭壇)을 논한 것도 있고、 도성의 건설과 읍邑의 설치를 논한 것도 있으며、 또 한 가지 일로써 혹은 길하다 하고、 혹은 흉하다 하여 말을 결정하지 못한 것도 있으니、 어찌 《동림洞林》(洞林照膽) 한 책으로써 실행하기 어려운 금령을 갑자기 정할 수가 있겠습니까。 신은 백성들이 그 피해를 받고 나라에서는 실제 효험效이 없는 것이 염려됩니다。』

하므로、 풍수학風水學에 내려 의논하게 하였다。[34] 그런데 같은 해 십이월 이십일일二十一日(丙寅)에 집현전 교리校理 어효첨魚孝瞻이 긴 글로 상소하기를、

『지난번에 궁성 북쪽의 길을 막는 일 등으로 회의할 때、 신은 마침 병으로 참예參預하지 못하였습니다。 뒤에 그 의논한 것을 들으니、 성북城北의 길은 담을 쌓고 문을 만들어 제한하고、 또 성 안에는 흙으로 메워 산을 만들며、 명당수에는 더러운 물건을 던져 넣지

못하도록 금하기로 했다고 하는데、 신은 반드시 이렇게 할 필요가 없다고 생각합니다。 다만 우려되옵기는、 국론이 이미 결정되었는데 성상께서 보시기를 소유小儒가 감히 고담준론을 좋아해서 망녕되게 시비를 말한다고 생각하실까 하여、 이 때문에 조심하고 두려워하게 머뭇거리고 지금까지 며칠이나 그대로 있었습니다。 그러나 사람의 상정常情은 한 사람의 권귀權貴를 섬기고자 하면 반드시 그 사람을 위하여 온갖 정성을 쓰지 아니함이 없을 것인데、 사람이 세상에 나서 목숨을 바칠 데는 군부君父일 뿐이요、 입신할 바는 충효忠孝뿐이니、 무릇 신하가 되어 보국補國하는 정성을 다하고자 하는 것은 그것이 한 사람의 권귀를 섬기는 것과 견주어 말할 수 없는 것입니다。 …신은 또 안험按驗(자세히 살펴서 증거를 세움)하건대、 《동림조담洞林照膽》이란 책은 바로 범월봉范越鳳이 지은 것으로、 월봉은 다만 오계五季(五代) 때의 한 술사術士였습니다。 그가 이른바 「비린 것과 냄새가 더러운 것은 자손이 쇠망하는 상징이라(腥膻臭穢 子孫虧損之象)」 한 것은 그 책의 《혈맥편血脈篇》에 있는 말이요、 「명당에 냄새나고 더러우며 물이 불결한 것은 패역 흉잔의 상징이라(明堂有臭穢 不潔之水 悖逆凶殘之象)」 한 것은 《흥기편凶氣篇》에 있는 말입니다。 그 본문의 뜻을 살펴보면、 모두 장지葬地(墓地)의 길흉을 논한 것이고、 도읍지의 형세에 대해서는 언급하지 않았습니다。 대개 범월봉의 의견으로는 반드시 신도神道(묘지로 가는 길)의 정결함을 숭상하므로 물이 불결하면 신령이 불안하여 이같은 징조가 있다는 것이요、 국가 도읍지에 대하여 논한 것은 아닙니다。

도읍하는 곳은 인가人家가 번성하니 번성하게 살면 자연히 냄새나는 것이 쌓이고 더러워지는 것이며, 여기에는 반드시 소통시키는 개천과 넓은 냇물이 있어서 그 사이를 종횡으로 흘러, 그 더러운 것을 떠내려 보낸 뒤에라야 맑게 할 수 있으니, 도성 안의 물은 그것이 맑을 수가 없습니다. 지금 장지의 술術을 미루어서 도읍지의 물을 한결같이 산간山間의 청정수淸淨水와 같이 하려 한다면, 사세事勢가 실행하기 불가능할 뿐 아니라 이치로 말할지라도 사생死生의 길이 다르고 신신神과 사람의 몸이 다른데, 묘지의 일을 어찌 국가 도읍지에 유추類推할 수 있겠습니까. 만약 유추할 수 있다면 지리서에 논한 것이 으레 다 이러한 것들인데, 그것을 다 국가 도읍지에 유추하여 쓸 수 있겠습니까.……」35)

하니,

『임금이 그 상소를 보고, 승정원에 이르기를, 「어효첨의 논설이 정직하다. 내 그 글을 보고 마음으로 감동하였다. 풍수서風水書는 믿을 것이 못 되는 듯하나, 그러나 옛 사람들이 다 그것을 썼고, 재상으로 하륜, 정초鄭招, 정인지가 다 풍수서를 알고 있으니, 이 사람들에게 풍수술風水術을 자문함이 좋을 것이다. 효첨 같은 사람은 마음으로 풍수설風水說을 그르게 여기므로, 비록 풍수학에 출사시킨다 하여도 반드시 힘쓰지 않을 것이니 그 일은 하지 말라. 여러 제조들에게 의논하도록 하겠다」 하고, 인하여 그 글을 풍수학에 내렸다. 어효첨이 앞서 왕명을 받들고·수릉壽陵(임금이 죽기 전에 마련해 놓는 葬地)의 정혈正穴을 정하였더니, 이선로李善老의 무리가 요사한 말을 다투어 만들어 위에 아첨을 하며, 궁성 북쪽의 길을 막고 가산假山을 쌓을 것과 개천의 물을 맑게 하기를 청해서 논설이 분분하였으므로, 어효첨이 상소하여 이를 배척하니 그 말이 극히

33)《世宗實錄》卷一百六《世宗 二十六年 十一月 十九日(甲午)》條,『集賢殿修撰李善老請 於宮城西 鑿貯水池 引入永濟橋 又於開川之水 禁投臭穢之物 令水淸潔 下其事議之 領議政黃喜 右議政申槩 左贊成河演 右贊成皇甫仁 禮曹判書金宗瑞 右參贊李叔畤 藝文大提學鄭麟趾 判漢城府事李孟畛 禮曹參判尹炯等議 鑿池宜待秋更議 開川之水 令各部及漢城府郎廳 修城禁火都監郎廳 分掌城內各戶 臭穢之物 令勿投棄 務要淨潔 漢城府堂上 禁火都監提調 常加考察 亦令司憲府 無時糾擧。』

34)《世宗實錄》卷一百六,《世宗 二十六年 十一月 十九日(甲午)》條,『左參贊權踶上書 以爲風水之說論者 非一不免有抵牾舛錯者 似難以一書所言爲定 況其書有論墓零者 有論建都設邑者 又有以一事 而或言吉 或言凶 未定其說者 豈可以洞林一書 遽爲難行之禁乎 臣恐民受其弊 而國無實應也 下風水學議之。』

35)《世宗實錄》卷一百六,《世宗 二十六年 十二月 二十一日(丙寅)》條,『集賢殿校理魚孝瞻上疏曰 前者 宮城北路防塞等事會議 臣適移病未參 後聞其議 城北之路 則築堵作門 以限之 且於城內 補土爲山 明堂之水 則禁投穢物 臣則以爲不必如此 惟慮國論已定 聖鑑以爲 小儒好爲高論 妄說是非 是以兢惶囁嚅 有日于玆 然人之常情 欲事一權貴 必爲其人 無以不用其誠矣 人生斯世 所寄命者 君父而已 所立身者 忠孝而已 則凡爲臣子 欲盡補國之誠 其與事一權貴 固不可同日語也… 臣又按洞林照膽 乃范越鳳之所撰也 越鳳 特五季一術士耳 其所謂腥膻臭穢 子孫虧損之辭者 血脈篇之辭也 明堂有臭穢 不潔之水 悖逆凶殘之象者 凶氣篇之辭也 詳其本文之旨 皆論葬地之吉凶也 都邑之形勢 則不之及焉 蓋越鳳之意 必以神道尙潔 故水性不潔 則神靈不安 而有如是之應也 非所論於國都者 至於都邑之地 人烟繁盛 旣庶旣繁 則臭穢斯積 必有通溝廣川 經緯平其間 以流其惡 然後可以蕭淸 都下其水 無可淸之理矣 今欲推葬地之術 使都邑之水 一如山間之淸淨 則非惟勢不能行 以理言之 死生殊途 神人異體 塚地之事 豈加推之於國都乎 若曰可推 則地理書所論 例皆如此 盡可推之於國都乎……』

정대正大하다는 사람들이 많았다.』36)

요즈음 간혹 이 고사故事를 인용해서 평하는 글을 보게 되는데,

풍수설을 근거로 입론立論한 이선로를 비웃고, 그를 반대한 어효첨의

생각이 탁견이었다고 보는 견해가 대다수임을 알 수 있다. 그러나

개천에 오물을 버려 악취가 나고 토사가 쌓이면서 작은 비만 내려도

범람하여 한성부민들이 많은 고통을 겪고 있었으므로, 이선로가

이를 방지하기 위하여 풍수설을 원용한 데 불과하였다고 생각할

수도 있으며, 오히려 이것을 정면으로 반대한 어효첨이 우매하다고

보는 견해도 있을 것이다.37)

三, 강우량의 측정 제도

一, 측우기와 수표

개천의 수위水位를 측정하고 아울러 강우량降雨量을 측정할 수 있는

기능을 가진 수표水標와 측우기測雨器는 세종 二十三년(一四四一)에

처음으로 행하여졌다. 즉 〈세종 二十三년 八월 十八일(壬午)〉조를 보면,

『각 도 감사監司가 강우량을 전보轉報하도록 이미 정해진 법이

있습니다. 그러나 땅이 말랐을 때와 젖어 있을 때 땅 속으로

스며드는 빗물의 깊이가 같지 않아서 또한 알기 어려우니, 청컨대

서운관書雲觀38)에 대臺를 만들고, 길이 이 척尺, 지름 팔 촌寸의

원통형 철기鐵器를 주조하여, 대 위에 올려 놓고 빗물을 받아 서운관

관원으로 하여금 그 깊이를 재어 아뢰게 하소서. 또 마전교馬前橋

서쪽 수중水中에 박석薄石을 놓고, 박석 위에 부석趺石 두 개를 세워

그 가운데에 척, 촌, 분수分數의 눈금을 새긴 방목주方木柱를 끼어

쇠갈고리로 부석을 고정시켜, 본조本曹 낭청이 빗물의 깊이를 재어

아뢰게 하소서. 또 한강漢江 가장자리의 암석 위에 척, 촌, 분수의

눈금을 새긴 표標를 세워, 도승渡丞39)이 이로써 물의 깊이를 재어

본조에 보고하여 아뢰게 하고, 또 외방 각 고을에도 경중京中의

주기례鑄器例에 의하여 혹은 자기磁器를 쓴다든가 혹은 와기瓦器를

써서 관청 뜰 가운데에 놓아 두고, 수령守令이 또한 빗물의

수심水深을 재서 감사에게 보고하게 하여, 감사가 아뢰게 하소서.』

하니, 그대로 따랐다.40)

《세종실록》의 이 기사는 측우기와 수표를 만들어야 할 이유를

명시한 것이다. 이렇게 해서 종래의 불완전했던 강우량 측정법은

기기機器에 의한 과학적 수량적 방법으로 개량되었다. 즉 길이

이 척(약 四十二·五센티미터), 지름 팔 촌(약 十七센티미터)의 원통형 철제

우량기가 그때 세계 최초로 발명되었던 것이다. 강우량은 또한 개천

수위의 측정에 의해서도 알 수 있는데, 세종 때의 과학자들은 그

사실을 놓치지 않고 측정기구를 만들었다. 그것은 서울의 중심부를 관통하여 흐르는 개천의 마전교(水標橋 근처) 서쪽에 한 개가 세워지고, 또 도성과 경기 일대를 가로질러 흐르는 한강변 바위에 다른 한 개가 설치되어 「수표」라 불렸다.

도성 한가운데를 흐르는 개천의 물과 경기의 큰 강의 수위를 측정함으로써 평소의 수위와 갈수기渴水期의 수위 등을 파악하게 한 것이다. 수표는 성종成宗 때 화강석으로 개량되었다. 측우기에서 머무르지 않고 수표에 의한 측정을 함께 병행했다는 사실은, 강우량의 과학적 측정제도로는 완벽한 것이다.[41]

측우기는 세종 이십삼년(一四四一) 가을에 처음으로 발명되었으나 여러 가지로 미비한 점이 나타나서, 이듬해인 세종 이십사년(一四四二) 초여름 장마철에 접어들면서 시행 단계에 들어서자 더욱 완성된 제도로 개량해야 할 필요성을 갖게 되었다. 그리하여 같은 해 五月 八일에 마침내 그 구체적 방안이 최종적으로 확정되고 「측우기」로 이름 붙여졌다. 《세종실록》 권九十六에는 이 역사적 사실에 대하여 다음과 같이 기록되어 있다.

『호조에서 아뢰기를, 「측우기의 일에 대하여는 이미 하고下敎를 받은

---

36) 《世宗實錄》 卷一百六, 《世宗 二十六年 十二月 二十一日(丙寅)條, 『上覽之 謂承政院曰 孝瞻之論正直 予見其書 感動於心 風水之書 似未可信 然古人皆用之 宰相河崙鄭招鄭麟趾 皆知此書 若此書 可見以風水之術 如孝瞻 心非其術 雖仕風水學 孝瞻 嘗承命參考地理書 定壽陵正穴 以求媚於上 當議諸提調 仍下其書于風水學 其令勿仕 然其風水學是非 非我獨斷 請防宮城北道 築假山 浚淸開川之水 論說紛紜 故孝瞻上疏斥之 其辭極爲正大 人皆多之。』

37) 손정목, 《개천과 교량》《서울 육백년사》 제一권, 서울시사편찬위원회, 一九七七, 三三一쪽.

38) 조선조 태조 一년 七월에 서운관을 두어, 天文, 災祥, 曆日, 推擇 등의 일을 관장하게 하였는데 그 직제는 태조 때에 判事, 正, 副正, 丞, 兼丞, 注簿, 掌漏, 視日, 司曆, 監候, 司辰을 두게 하였던 것을, 세조 十二년 관제를 고칠 때에, 觀象監으로 개칭되었다. 그 직제는 태조 때에 判事, 正, 副正, 丞, 시일은 奉事, 감후는 副奉事, 사력은 혁파되는 한편, 判官, 부봉사, 참봉 각 一員이 增置되어 직제가 정비되었다. 세종 二十년(一四三八) 이후로는 天氣를 候察하는 簡儀臺와 천문관측기인 圭表, 渾儀, 渾象 등을 서운관에서 주관하여 관장하는 관원을 두게 하였다. 《世宗實錄》 卷八十, 《世宗 二十年 三月 戊子)條 참조.

39) 나루를 관장하는 관원. 경기 일곱 곳의 津, 渡를 각기 전담하는 東班 從九品 이상의 관직명이다. 조선조 태종 十五년(一四一五) 十二월부터는 驛丞의 예에 따라 五品, 六品 이하 九品 이상의 관원으로 差下하여 도승이라 일컫게 하였으나(《太宗實錄》 卷三十, 《太宗 十五年 十二月 甲子)條 참조), 그 뒤 매일 밤 다섯 명이 입직 관찰하도록 하였다.

역승, 도승의 품계는 모두 從九品으로 정하였다.

40) 《世宗實錄》 卷九十三, 《世宗 二十三年 八月 十六日(壬午)條, 『戶曹啓 各道監司 轉報雨澤 已有成法 然土性燥濕不同 入土淺深 亦難知之 請於書雲觀 作臺以鐵鑄器 長二尺徑八寸 置臺上受雨 令本觀官員 尺量淺深以聞 又於馬前橋西水中 置薄石 石上刻立標石二 中立方木柱 以鐵鉤鏹跌石 刻尺寸分數於柱上 本曹郎廳 審雨水淺深分數以聞 又於漢江邊巖石立標 刻尺寸分數 守令亦量水淺深 報本曹 審雨水淺深分數以聞 又於外方各官 依京中鑄器例 或用磁器 或用瓦器 置廨宇庭中 守令亦量水淺深 報監司 監司傳聞 從之。』

41) 전상운, 《한국과학기술사》, 정음사, 一九七六, 一二八쪽-一二九쪽.

42) 周代(기원전 一二二二년-기원후 二四九년)의 尺度. 周代 것은 전하는 실물이 없고, 일반적으로 宋代의 《朱子家禮》에 실린 것이 하나의 기준으로 통용되었는데, 그것도 전승과정에서 판본마다 길이가 달라져 현재 정확한 것은, 알지 못하는 실정이다. 우리나라에서는 世宗 때에 도량형 제도를 考正하여 世宗 十二년(一四三○)에 도량형기의 표준들을 완성하였는데, 여기서 얻은 世宗周尺 길이는 黃鍾尺의 ○·六척, 二十·二一八센티미터였다. 현재의 水標尺을 실측한바, 길이 二十·二七센티미터가 되고 있어, 純祖 癸巳年(一八三三)에 재건된 현재의 수표에는 世宗周尺이 아닌 甲戌量田周尺의 척 단위 눈금으로 새겨져 있다고 한다. 박흥수, 《한·중 도량형 제도사》, 성균관대학교 출판부, 一九九九, 五七四쪽-五七九쪽.

바 있으나, 그러나 미진한 곳이 있어 다시 조목별로 열기列記합니다.

一, 서울 안에서는 철철鐵로 주조하여 그릇을 만들어 측우기라 명칭하였는데, 길이 일 척 오 촌, 지름 칠 촌으로 하여 주척周尺[42]을 쓰고, 서운관에 대를 만들어 그 위에 측우기를 놓고 매양 비가 그쳤을 때마다 서운관 관원이 비가 내린 상황을 몸소 관찰하여 주척으로써 수심水深을 측정하고, 아울러 비가 내린 것과 비가 오고 날이 갠 일시와 수심의 척, 촌, 분수를 상세히 써서 즉시 아뢰게 하고, 기록해 둘 것이며,

一, 외방에는 쇠로써 주조한 측우기와 주척 한 벌씩을 각 도에 보내어, 각 고을로 하여금 한결같이 위 항의 측우기 체제에 의거하여 자기라든지 혹은 와기라든지 적당함을 따라 만들어, 객사의 뜰 한가운데에 대를 만들어 측우기를 그 위에 설치하도록 하며… 수령이 몸소 강우량을 살펴보고는… 비가 내린 것과 비가 오고 날이 갠 일시와 수심의 척, 촌, 분수를 상세히 써서 즉시 계문啓聞(임금에게 아룀)하고, 기록해 두어서 후일의 참고에 전거典據로 삼게 하소서」하니, 그대로 따랐다.」[43]

이렇게 하여 완성된 측우 제도는, 강우량 측정법에서 거의 완벽에 가깝게 근대적이고 과학적이며, 이 측정방법은 오늘날 세계적으로 통용되고 있는 강우량 측정법과 비교할 때, 자(尺)를 씀으로 인한 부피의 증가에서 생기는 오차를 생각하지 않았다는 것 이외에는 다른 점이 없다. 그러나 그 오차는 무시할 만한 극히 작은 부분이라

할 것이다.[44]

二, 수표의 개량과 수표교

그런데 세종 이십사년(一四四二)에 개천의 마전교 서쪽에 세워졌던 수표는 앞에서 언급한 바와 같이 반목제半木製였기 때문에 얼마 안 가서 개수改修해야 했다. 그후 성종조成宗朝까지 수표는 석제石製로 개량되어 지금 서울특별시 동대문구 청량리동에 위치한 세종대왕기념관에 보존되어 있는 것과 같은 형식으로 개량되었을 것으로 생각된다.

영조英祖 이십오년(一七四九) 이전에 만들어져 현존하는 이 수표는 길이 약 삼 미터, 폭 약 이십 센티미터의 화강암으로 된 육면 방추형方錐形의 석주石柱인데, 위에는 연화문蓮花紋의 옥개석屋蓋石이 놓여 있고, 밑은 방주형方柱形의 초석으로 땅 속에 박혀 있다. 석주에는 양면에 주척 일 척마다 눈금을 일 척에서 십 척까지 새겼고, 석주 후면의 삼 척, 육 척, 구 척 선상에는 ● 표를 파서 각각 갈수渴水, 평수平水, 대수大水 등을 헤아리는 표지로 썼다. 육 척 안팎의 물이 흐르는 것이 보통의 수위였으며, 구 척 이상이 되면 위험 수위를 나타내어 개천의 범람을 예고하는 데 쓰였다.

이 수표는 그 구조를 세종 때의 것과 비교하여 볼 때 촌寸, 분分까지 정확히 측정할 수 없다는 점이 부족하지만, 갈수와 위험 수위를 분명히 표시했다는 점은, 발전적인 것이었다. 어쨌든 이 수표는 세계

최초의 하천 수위계水位計라는 점에서, 또 주척의 전통을 이은 유일한 유물이라는 점에서, 그리고 기상학사상 가장 주목할 만한 가치를 지닌 것이다.[45]

그런데 현존하는 수표에 대해서는 다른 견해도 있음을 유의할 필요가 있다. 즉 현재의 수표석은 순조純祖 三十三년(一八三三년 癸巳年)에 재건再建된 것이며,[46] 세종 때 대석대석臺石 위에 새로 만든 수표석을 세웠기 때문에 매우 불안정함을 알 수 있다고 다음과 같이 주장하고 있다.

『…《한경지략漢京識略》의 〈교량橋梁〉조를 보면, 「수표교水標橋. 중부 장통방에 있다. 다리 서쪽에 표석標石을 세우고 척, 촌을 새김으로써 수심을 재었다. 또 「庚辰地平」 넉 자를 새겼는데, 이 표석은 지금 이미 무너져 버려 새 표석으로 다시 세웠다」[47]라고 하여, 척, 촌

단위의 눈금이 새겨진 옛 수표석은 파괴되었으므로 현재는 새로운 수표석이 만들어졌음을 밝혀 주고 있다. 또 현재의 수표를 세밀히 관찰해 보면 수표 아랫부분에 「癸巳更濬」이란 각자刻字가 있는데, 이 넉 자는 수표척水標尺의 기준선과 삼 척 눈금 사이에 있어, 일 척 눈금과 이 척 눈금은 자연히 교차하게 되었으니, 그 교차한 부분의 일 척과 이 척 눈금은 「癸巳更濬」 넉 자의 각자 후에, 자획字劃을 피하여 그어진 것이 분명하며 또 일 척, 이 척의 각자 위치도 좌측으로 이동시켜 새겨 놓은 것으로 보아, 현재의 수표석은 순조 三十三년(癸巳) 二월에서 四월 사이에, 영조 三十六년 「庚辰地平」의 기준 척선尺線과 일치하게 개건改建한 것임을 알 수 있다. 또 현재 수표에 새겨진 기준척은 실측 결과 二十一·七八센티미터이므로 순조 十九년(一八一九)부터 전국적으로 시행된 갑술양전주척甲戌量田周尺임도

43) 《世宗實錄》 卷九十六, 〈世宗 二十四年 五月 八日(丁卯)〉條, 『戶曹啓 測雨事件 曾已受敎 然有未盡處 更具條列 一 京中則鑄鐵爲器 名曰測雨器 長一尺五寸徑七寸 用周尺 作臺於書雲觀 置器於臺上 每當雨後 本觀官員 親視下雨之狀 以周尺量水深淺 具書下雨及雨晴日時 水深寸分數 隨卽啓聞置簿 一 外方則以鑄鐵測雨器及周尺每一件 送于各道 令各官 一依上項測雨器體制 或磁器或瓦器 隨其燔造 作臺於客舍庭中 置器臺上… 守令親審下雨之狀… 具書下雨及雨晴日時 水深尺寸分數 隨卽啓聞置簿 以憑後考 從之.』

44) 전상운, 《세종문화사대계》 二, 세종대왕기념사업회, 二000, 七五쪽.

45) 《세종문화사대계》, 정음사, 一九七九, 一三六쪽.

46) 박흥수, 《한·중 도량형제도사》, 성균관대학교 출판부, 一九九九, 四七0쪽-四七二쪽.

47) 《漢京識略》 〈橋梁〉條, 『水標橋 在中部長通坊 橋西 立標石刻尺寸 以驗水深 又刻庚辰地平四字 此標石 今已毁 更立新石.』

48) 박흥수, 《李朝尺度基準으로서의 現水標의 價値》, 과학기술연구 제三집, 성대부설 과학기술연구소, 一九七五.

49) 박흥수, 〈도량형〉 《서울 육백년사》 제一권, 서울시사편찬위원회, 一九七七, 四七0쪽-四七二쪽.

50) 《太宗實錄》 卷二十三, 〈太宗 十二年 二月 十五日(庚午)〉條 및 《世宗實錄》 卷十二, 〈世宗 三年 七月 三日(癸亥)〉條 참조.

51) 《동아일보》 二00三년 七월 十七일(목요일)자에는, 그 동안 논란을 빚어 온 청계천 수표교 원위치 복원과 관련해 수표교 복제품을 만들어 원래 위치(청계천 三가)에 설치하는 쪽으로 결론이 난 것으로 보도되었다. 그러나 수표교의 원위치, 원형 복원에서는 정말로 신중히 해야 할 것이며, 청계천 바닥의 유물과 유구遺構 현장을 발굴 조사하고, 역사 문화적 복원에 한층 더 심혈을 기울여 너무 서두르지 말고 토론과 협의를 거쳐 좀더 완벽한 준비를 한 다음 시행하는 것이 바람직한 것이 아닐까, 나는 이 점을 강조하고 싶다.

52) 황호근, 《한국의 미》, 을유문화사, 一九七0.

밝혀졌다. …그런데 현재 수표석에 그어진 척도 기준선의 위치는 대석 상면上面으로 하지 않았고, 그보다 약 二十六센티미터 위쪽 부분에다 정했음을 볼 수 있는데, 이것은 아마도 대석 위에 불안정하게 세워진 수표 석주石柱를 물 흐름에 넘어지지 않게 흙으로 묻어 보강하기 위해 취해진 결과로 해석된다. 그러나 이 정도의 보토補土로써는 물살을 견뎌내기는 힘들었을 것이 분명하며, 또 경우에 따라서는 대석 뒷면 부분의 흙이 깊이 파이는 것이 상례이므로 이것만으로는 완전한 건립 방법이라고 볼 수 없다. 따라서 당시에 그것을 완전하게 하기 위해서 석주 뒷면의 삼 척, 육 척, 구 척 선상의 위치에다 지름 七・七센티미터, 깊이 五・八센티미터인 ●표의 구멍을 파서 목재의 봉봉棒을 박아 뒷면에 세운 기둥에다 고정시켰던 흔적이 있다. 그리하여 이렇게 불안정했던 수표 석주는 이러한 보강법補強法으로 세찬 물살에 견딜 수 있게 했던 것임을 알 수 있다. 이 지탱하던 봉의 흔적이 개천 수량水量을 나타내던 갈수, 평수, 대수의 표시였다는 설도 있으나, 표시라면 이렇게 넓고 깊게 파지 않았을 것이며, 또 《기우제祈雨祭 등록謄錄》을 보아도 평수平水가 육 척이나 되지 않았던 점과 평수와 대수 사이의 수량이 불과 六十센티미터 정도밖에 되지 않았다고 볼 수 없는 점은, 비 온 후의 현재 청계천淸溪川 물의 증가량을 보아서도 알 수 있듯이 표현한 가상假想의 하나라고 보아야 할 것이다. 기록에 의하면 세종 때 수표는 세종주척으로 십이 척이었으며, 현존하는 수표는 십 척이므로 석주의 전장全長은 대략

二・五미터 정도로서 비슷하게 만들어졌음도 알 수 있다.」48)

그리고 현존하는 수표의 주척이야말로 우리나라 고대 도량형度量衡 제도의 표준까지 규명해 줄 수 있는 유일무이唯一無二의 국보적國寶的인 척도尺度 원기原器라고 극찬하고 있다.49) 하여튼 이 수표는 一九五九년에 이루어진 청계천 복개공사 때 수표교와 함께 장충단 공원에 옮겨져 보존되어 오다가 一九七三년 十월에 세종대왕기념관으로 옮겨져 보존되고 있다.

이와 같이 세종 때의 수표는, 개천의 마전교 서쪽 물 가운데 세워진 반목제半木製였기 때문에 아마 얼마 안 가서 개조해야 했을 것이고, 그후에는 석표石標로 개량되었을 것으로 생각한다. 성종조成宗朝에 쓰여진 《동국여지승람東國輿地勝覽》의 〈교량橋梁〉조를 보면, 혜정교, 대광통교, 소광통교, 장통교, 수표교 등 수많은 교량 명칭이 보이는데, 이들은 모두 석교石橋로 되어 있다.50) 석교는 예로부터 전승되어 왔으나, 조선시대처럼 성황을 이룬 일은 없었다. 우리나라 돌다리 가운데 대표적인 것은, 개천(청계천)에 놓인 수많은 석교 중 하나인 수표교가 가장 이름이 높았으며, 지금은 장충단 공원에 옛 모습 그대로 보전되어 있다.51) 수표교는 물 흐름에 저항을 적게 받도록 고안된 마름모꼴(菱形)의 교각橋脚을 세우고, 긴 돌을 건너지른 후에 동틀돌(돌다리의 청판돌을 받드는 귀틀돌)을 놓고 다시 청판돌(돌다리 등 바닥에 깐 넓은 돌)을 놓아 표상表床(표면의 바닥판)을 만들고, 그 끝에 석난간石欄干을 두어 다리

모양을 완성한, 예술성과 조형성이 뛰어난 아름다운 돌다리이다. 이 다리 서쪽에 석주를 세워 눈금을 긋고 개천에 흐르는 물의 수량을 수시로 점검하였다. 이것을 「수표」라 이름 지어 다리 명칭까지도 「수표교」라 하였다. 수표교는 구조 면에서 매우 경쾌한 미美를 지닌 석교이다. 무거운 석조물이라 해도 가벼워 보이며, 다른 석교보다는 훨씬 매끈하게 보일 뿐만 아니라, 길고 짧은 화강암석을 이중 삼중으로 쌓아서 만든 것이다. 난간의 팔각의 긴 돌을 가로질러 군데군데에 속석束石(묶음돌)을 놓았으니, 다리의 통일된 조형성과 정제성整齊性은 어느 다리에 비해도 손색없는 정교한 다리이다. 약 이백이십 개의 판석板石을 고르게 깔아 한가운데에 두 줄의 중간석을 놓았으니, 흡사 평면 위에 선을 그은 것 같은 느낌을 준다. 뿐만

아니라 다리 밑에서 보는 구조(짜임새)는 흡사 나무를 깎아 세운 것처럼 돌을 마음 내키는 대로 다듬어 쌓아 놓은 모양이다. 초석礎石 위에 큰 네모난 돌기둥 다섯 개가 온 다리를 지탱하고 있으며, 수표교 곳곳에는 「丁亥改造」「戊子禁營改造」 등의 글자가 새겨져 있어, 조선시대에도 이 다리를 온전히 보존하기 위한 노력이 각별하였음을 보여줄 뿐 아니라, 개축改築한 연대까지도 보여주고 있다.[52]

수표교는 우리나라 다리의 역사에서 수심을 계량한다는 목적을 가진 과학적인 돌다리로 그 존재 가치가 매우 크며, 역사성, 예술성, 기능성을 잘 나타내고 있는 석교로서 손꼽히는 다리라 하겠다.

一, 준천의 필요성

한성부漢城府 개천開川의 역사적 변천과 개천의 유지 관리 등에 대해서는 이미 언급하였지만, 그 뒤 이백여 년의 세월이 지남에 따라 사산四山에서 흘러내리는 사석砂石이 쌓이고 개천의 바닥은 높아져, 비만 오면 물이 넘쳐 인근 주민은 물난리를 겪어야 했고, 자연히 오물이 밀려 내려와 수구水口가 막혀 버렸으며, 개천가에 집을 짓는 등 개천을 제대로 관리하지 못하여, 개천은 제구실을 하지 못하게 되었다. 특히 임진왜란과 병자호란을 겪고 난 뒤부터는 사회질서가 혼란해지고 개천 관리가 소홀했기 때문에 큰비만 오면 으레 도성都城 안은 자주 홍수 피해를 입어야 했다. 《효종실록》에 의하면 효종 五년(二六五四) 六월 八일에,

『큰비가 내려 궐내에 물이 넘치고 익사자가 있었으며, 삼각산三角山의 작은 봉우리가 무너졌다.』[1]

하였으며, 그로부터 십여 일 뒤에도 사헌부司憲府에서 아뢰기를,

『오늘의 수재는 예전에 없던 일입니다. 오부 관원은 당연히 익사한 사람을 사실대로 한성부에 보고하고, 한성부도 의당 자세히 살펴서 입계入啓(궐내에 들어가서 임금에게 구두로 직접 아뢰거나, 임금에게 상주上奏하는 글월을 올림)했어야 마땅한데도, 지금 듣건대, 도성 내외에서 물에 빠져 죽은 사람이 수십 인에 이르는데 단지 네 사람으로 아뢰어 휼전恤典(나라에서 백성을 구휼하는 은전恩典을 베푸는 일)하는 성대한 뜻을 골고루 퍼지 못하였다 합니다. 한성부 당상은 추고推考하고 오부 관원은 모두 우선 파직시킨 뒤에 추고하소서. …』[2]

라는 기록이 있다. 그후에도 조금만 큰비가 오면 홍수 피해는 이루
말할 수 없어, 숙종 三十六년(一七一○) 九월에는, 한성부 오부에
하명하여 방민坊民을 동원해서 봇도랑을 넓혀 물이 잘 흐르도록
하고, 부근의 인가가 드문 곳은 근처에 거주하는 방민을 동원해서
개천을 일제히 준설浚渫했다는 기록이 있다. 이때의 기록에는 당시
개천의 상황을 좀더 구체적으로 설명하여,

『오부 관원에게 명하여, 소관 방민들에게 신칙申飭해서
구거溝渠〈물도랑〉. 구溝는 큰 물도랑을, 거渠는 작은 물도랑을 가리킨다〉를 넓혀
물이 잘 흐르도록 하였다. 이는 대개 사산에 나무가 없어 민둥산이
된 뒤부터 사석沙石이 흘러내려 봇도랑이 메고 물길이 막혀서,
가물면 물이 고여 흐르지 않아 악취가 풍기고, 큰비가 내리면
평지까지 물이 범람하여 부근 인가가 피해를 입었다.…』3)

개천이 메워져 막힌 것이 정확히 절정에 달한 것은 영조 때였다. 영조는
규모였는지 정확히는 알 수 없으나, 큰 규모는 아니었던 것 같다.
라고 기록되어 있다. 숙종 三十六년의 개천 정비 사업이 어느 정도

二十八년 정월에 친히 광통교에 행차하여 천변에 사는 방민을 불러,

『어장御將들이 개천이 메고 막혀 있다고 아뢰었는데, 나는
민력民力을 거듭 지치게 할까 봐 걱정되었다. 이제 나와 보니 개천의
막힘이 이렇게 심한 줄을 알게 되었다. 또 도성 안을 지키려면
개천을 준설하는 것이 가장 앞서 해야 할 것 같은데, 너희들은
어떻게 생각하는가』하니, 백성들이 말하기를, 「신 등이 어렸을
적에는 기마騎馬가 다리 아래로 지나가는 것을 보았습니다만, 지금은
다리와 사석이 서로 맞닿게 되었습니다. 전에는 일꾼을 동원하여
깨끗이 쳐내었는데, 세월이 오래 되니 막힌 것이 또 이렇게
되었습니다」하므로, 임금이 말하기를, 「큰 다리도 이와 같은데 작은
다리는 짐작이 가는 바이다. 태종 때 축성한 것은 후손들에게 폐해를
끼치는 일이 없게 하기 위해서였다. 나는 다시 백성을 수고스럽게
하고 싶지 않다. 그러나 지금 보건대, 교각이 이렇게 막혔으니 이를
준설하고자 한다. 너희들도 준설을 원하는가」하니, 백성들이 일제히
대답하기를, 「이는 모두가 백성을 위하는 일인데 누가 감히 따르지
않겠습니까」라고 답하면서, 임금이 하명하는 대로 따를 것임을

1) 《孝宗實錄》 卷十二, 〈孝宗 五年 六月 八日(丙寅)〉條, 『大雨 闕內水溢 人有溺死者 三角山小峯崩』

2) 《孝宗實錄》 卷十二, 〈孝宗 五年 六月 二十日(戊寅)〉條, 『憲府啓曰 今日水災 振古所無 溺死之人
部官所當從實報京兆 京兆亦宜詳察入啓 而今聞都城內外 死於水者 至數十人 而只以四人爲啓
令恤典盛意 不得均被 請漢城府堂上推考 部官並先罷後推 且令更查 均行恤典』

3) 《肅宗實錄》 卷四十九, 〈肅宗 三十六年 九月 五日(丙申)〉條, 『命五部官 飭所管坊民 疏鑿溝渠
蓋自四山濯濯 沙石流下 填塞溝渠 水道壅閼 旱乾則沮洳臭穢 雨潦則漲溢平地 害及傍近人家…』

4) 《英祖實錄》 卷七十五, 〈英祖 二十八年 正月 二十八日(己丑)〉條, 『上 還至廣通橋 招川邊居民問日
御將以川渠塡塞爲奏 而予慮其重疲民力矣 今見閼塞如此 且欲守城 則濬川尤爲急務 爾等以爲何
諸民曰 臣等少時 見騎馬過橋下矣 今則橋與沙接矣 前者發軍濬之 年久而湮 又如此矣 上曰 大橋如是
小橋可知 太宗朝築城 欲無貽弊於後昆矣 予則不欲更勞民矣 今見橋塞如此 欲浚之 汝等願之乎
衆民齊對曰 此皆爲民之事 孰敢不從 上曰 予非以爲浚渠之難 慮他民之不願者 玆以問之』

아뢰었다. 그러나 임금이 말하기를, 「내가 하천의 준설을 어렵게 여겨서가 아니라, 백성들을 가운데 원하지 않는 사람이 있을까 우려하여 이렇게 하문하는 것이다」[4]

라고 하면서, 여전히 민폐가 염려되어 하천의 준설 공사를 실시하지 못하는 안타까운 심정을 나타내고 있다. 그러다가 칠 년이 경과한 영조 三十五년(一七五九) 十월 六일에 이르러서야, 홍봉한, 이창의, 홍계희를 준천 당상濬川堂上으로 삼고 「준천소」 절목節目을 강정講定(강론하여 결정하는 일)하도록 명하였고,[5] 한성부 당상(한성부 좌윤) 구선복具善復에게는 현장에 가서 직접 살펴본 형지形止를 〈준천도濬川圖〉로 그려 올리게 하였다.[6] 그리고는 이듬해인 영조 三十六년 二월 八일에, 임금이 명광문明光門에 임어하여 준천에 관계된 여러 신하를 소견召見하였는데, 이때 도성의 천거川渠가 여러 해째 막혀 있었으므로 판윤判尹 홍계희, 호조판서 홍봉한이 준천에 대한 의 논을 극력 주장하여 二월 十八일 공역을 시작하게 된 것이다.[7]

二, 영조 때의 준천과 준천사濬川司

一, 경진준천 공역

조선조 오백여 년을 통해서 가장 큰 규모의 준천 공역이 실시된

때는 영조 三十六년(庚辰年)이었는데, 이때 동원된 인원은 《준천계첩濬川禊帖》의 〈준천소 좌목〉조에 의하면, 삼공구관三公勾管、제조提調、내준천소 당상內濬川所堂上、도청都廳、낭청郎廳、별간역別看役、패장牌將、원역員役、별소 감동別所監董、별소 패장、별소원역 등 관원 외에、역군 총수役軍摠數라 하여 방민삼만이천구백서른두 명、각 군문軍門 장교와 군병 오만백두 명、각 사원역各司員役 이만삼천오백쉰여섯 명、각전 시민各廛市民만천삼백마흔여섯 명、여러 공인貢人 사천여덟 명、각색 장인各色匠人이천칠백예순아홉 명、승군僧軍 이천이백흔네 명、방민추별자원만육천삼백여든여덟 명、외방外方 자원군 팔천칠백다섯 명、모군募軍육만삼천삼백삼백여 명、도합 이십일만오천삼백팔십여 명이고、비용은전錢 삼만오천여 민緡、쌀 이천삼백여 석을 들였던、二월 十八일부터四월 十五일까지의 오십칠 일간에 걸친 큰 역사役事였다.[8] 이 역사의진행에 대한 영조의 관심도 지대할 수밖에 없었다. 실제로 공역을시작한 다음날인 二월 十九일(甲午)에는 영희전永禧殿에 나아가 친히제사를 지내고, 쌀 스무 석과 감곽甘藿(미역) 육백 근을 준천소에내주어 다음날 역군들에게 먹이도록 명하였고,[9] 이튿날인 二월二十일(乙未)에는 임금이 흥인문興仁門에 들러서 말하기를,

『탐라인耽羅人과 공인이 또한 모두 몸소 앞장서 부역에 나왔다.재작년 능역陵役에서 몸소 그 성의를 보았는데 이번에도 이렇게힘쓰고 있으니, 이는 바로 임금을 잊어버리지 않고 자식처럼 찾아온

옛날의 성의에서 나온 것이다. 이미 눈으로 직접 본 이상 어떻게 한 그릇 밥만 먹여서 돌려보내겠는가. 도청, 낭청, 패장에게는 각기 궁시弓矢를 내려 주고 내하미內下米 열다섯 석을 나누어주라. 오늘 부역을 자원한 제주 사람 여섯 명에게는 회량미回粮米를 나누어주고, 갑주미甲冑米 육백 석을 준천소에 더 내려 주고, 도민都民들에게 나누어주며, 집이 헐린 개천변 사람은 진휼청賑恤廳에서 돌보아 주도록 하라.』10)

하였다. 그리고 三월 十일(乙卯) 영조는 육상궁毓祥宮에 전배展拜한 후, 돌아올 때 광통교에서 수구문까지 나아가 역사를 시찰하고 준천 당상에게 음식을 내려 주었고,11) 이튿날 三월 十一일(丙辰)에는 어사御史 김화진金華鎮을 소견하고 준천소에 민원민원이 있는지의 여부를 물으니, 김화진이 대답하기를,

『역민役民들은 모두 기쁜 마음으로 나왔고, 도청들 또한 힘을 다하여 일을 빠르게 하고 있습니다.』12)

하였다. 四월 九일(癸未), 영조는 대제大祭를 마친 후, 오간수문五間水門에 임어하여 준천 공역을 관람하였는데, 이때 비바람이 거세게 몰아쳐서 약원藥院, 정원政院, 옥당玉堂에서 청대請對(신하가 급한 일이 있을 때에 임금에게 뵙기를 청하는 것)하여, 환궁할 것을 간청하였으나 임금이 허락하지 않았다는 기록이 있다.13) 이처럼 영조는 준천 사업을 시행하는 과정에서 두 차례나 친히 임어하여 역군들을 격려하였으며, 어느 정도 준천 공역이 이루어지자 준천 시행에 대한 전범典範을 마련하기 위하여 그 시말을 기록한 《준천사실濬川事實》을 편찬하도록 하였으니, 임금이 전교傳敎하기를,

『준천의 대책은 또한 모색하기가 어렵더니, 이제는 그 실마리를 알 수 있겠다. 이미 단편의 책자 하나를 만들도록 명하여 《준천사실》이라고 하였으니, 책이 완성된 뒤에는 서문을 지어

5) 《英祖實錄》 卷九四,〈英祖 三十五年 十月 六日(癸未)〉條, 『以洪鳳漢李昌誼洪啓禧爲濬川堂上 命講定節目.』

6) 《英祖實錄》 卷九四,〈英祖 三十五年 十月 八日(乙酉)〉條 및 《英祖 三十五年 十月 九日(丙戌)〉條.

7) 《英祖實錄》 卷九五,〈英祖 三十六年 二月 八日(癸未)〉條,《英祖 三十六年 二月 十九日(甲午)〉條 등, 『…時 都城川渠 多年湮塞 判尹洪啓禧 戶曹判書洪鳳漢 力讚濬川之議 二月十八日始役….』

8) 《濬川楔帖》〈濬川所 座目〉 및 《增補文獻備考》 卷二一,〈輿地考〉 九,「山川 三, 漢城府 開川」條.

9) 《英祖實錄》 卷九五,〈英祖 三十六年 二月 十九日(甲午)〉條, 『上詣永禧殿 親祭 以米二十石 甘藷六百斤 命給濬川所 以饋明日役軍.』

10) 《英祖實錄》 卷九五,〈英祖 三十六年 二月 二十日(乙未)〉條, 『上歷臨興仁門 上曰 耽羅人與貢人 亦皆挺身赴役 再昨年陵役 躬覩其誠 今又若此 此乃於戲不忘之誠 子來昔年之意也 既已目覩 豈可饋一盂飯而回乎 都廳郎廳牌將 各賜弓矢 內下米十五石分給 今日自願赴役人濟州人六名 甲冑米六百石 加下本所 加給赴役都民 川邊人家之毁撤者 令賑廳顧恤.』

11) 《英祖實錄》 卷九五,〈英祖 三十六年 三月 十日(乙卯)〉條.

12) 《英祖實錄》 卷九五,〈英祖 三十六年 三月 十一日(丙辰)〉條, 『上 召見御史金華鎮 問濬川所民怨有無 華鎮對曰 役民皆樂赴 都廳輩亦竭力趨事矣.』

내리겠다. 그런데 만약 계속해서 신칙할 방도가 없으면 전공前功이
아깝게 되니, 제언사堤堰司의 예에 의하여 병조판서, 한성판윤,
삼군문三軍門 대장大將이 준천사濬川司를 예겸例兼하고, 삼군문
참군三軍門參軍이 준천사 낭청을 예겸하되, 참군을 역임한 다음에
우선으로 도총부都撼府가 의망擬望(한 명의 관원을 채용하는 데 세 명의
후보자를 임금에게 추천하는 일)할 것을 전조銓曹에 신칙하라.」14)

하였다. 《준천사실》은 영조 三十六년에 시행한 준천 사업 시행의
배경, 준천 공역의 시말, 같은 해 四월 十五일(己丑) 준천 사업이 일단
끝남과 동시에 준천사가 설치된 것 등을 자세히 기록한 것으로,
편찬 목적의 하나는 삼백 년 전의 개천에 관한 일을 지금은
빙고憑考할 수 없으니 불가불 문자로 기록하여 후세에 보이기
위함이고, 또 하나는 용민用民의 어려움이니, 준천에 관한 상황을
후대의 왕에게 알리지 않으면 안 되겠으므로 영조가 당시 한성 판윤
홍계희에게 명하여 이 책을 찬진하게 한 것이다. 《준천사실》의
내용은 책머리에 어제서御製序, 그 다음 순서로 준천사실, 준천사
절목, 이렇게 세 부문으로 나누어 기록하였다. 한편 四월 十五일에
개천 준천 공역을 끝마쳤음을 고하였으니, 개천 준설 역사를
시작하여 끝날 때까지 모두 오십칠 일이 걸렸다. 역부役夫는 방민
십오만 명 이외에 고정雇丁 오만여 명이 동원되었고, 재력財力은 돈
삼만오천여 민과 쌀 이천삼백여 석이 소용되었다. 15) 또 이날
하교하기를,

『비록 백성을 위한다고 하지만 몇 년 동안이나 경영하느니라고 마음을
썼고, 여러 당상관 이하 관원들이 마음을 다하였으며, 많은
백성들도 힘을 다하였다. 준천 공역을 끝마쳤으니, 이 누가 내려
주신 것인가. 「열성列聖께서」 오르내리시면서 내려 주신 것이다.
이미 준천의 일을 해냄을 보았으니, 어찌 연융대에서 시행하던
세초연洗草宴에 그칠 것인가.…」16)

하고, 이후에도 십여 일 동안을 시사試射 등의 여러 가지 행사를
거행한 뒤에, 잔치를 베풀어 준다든가 상을 줄 사람에게는 상을
주고, 품계를 올려 줄 사람에게는 품계를 올려 주되 차등있게 하여,
성대한 연회를 내려 주며 오랫동안 개천을 준설하느라고 수고한
문무 관원들 모두에게 그 노고를 치하하였다. 그리고 공역이 끝남에
따라 임금이 하교하기를,

『광통교와 오간수문, 영도교永渡橋 돌기둥에 모두 「出地之限(드러난
땅의 한계)」이라고 새겨 표시해 두고, 또 「庚辰地平」이라는 넉 자를
각기 刻記하여, 앞으로 소착疏鑿(개천의 바닥을 쳐서 소통시킴)의 공역이
있게 되면 기준을 삼도록 하라.」17)

하였다. 이러한 하명에 따라, 영조 三十六년 四월에 준천을 전담하여
관장하는 기구로서 준천사가 설치된 것이다.

二, 준천사의 설치

《증보문헌비고增補文獻備考》의 〈직관고職官考〉 가운데 「준천사」조에는

이렇게 기록되어 있다.

『《준천사실》에서 이르기를, 영묘英廟(세종)께서 비로소 천거를
개통하고, 여러 흐르는 물길을 소통시켜 마을과 거리 사이를 가로와
세로로 이리저리 뚫어 수문水門으로 모여 흐르게 하였다. 세월이 더욱
오래 되었으나 개천을 파서 소통하는 일을 정폐停廢하여 산이 씻겨
내려가고 둑이 무너져도 일찍이 방비하지 아니하고, 토사가 덮여
다리가 파묻혀도 수치修治하지 아니하니, 국가 도읍지의 대천大川이
문득 평지를 이루어 백성들이 피해를 입음이 해마다 더욱 심하였다.
우리 성상께서 친히 유생儒生에게 책문策問하여 서민들의 일을 굽어
물으시니, 의논함에 갑과 을이 있었으나 임금께서 결단을 확정하시고,
드디어 여러 신하에게 하명하여, 준천소를 설치하고 준설을 감독하게

하였다. 두 차례나 도성에 임어하여 역부의 수고로움을 물으시니,
경중京中과 외방의 백성들이 기쁜 마음으로 앞을 다투어 부역하였다.
처음부터 끝까지 무릇 오십칠 일 동안 동원된 역부는 방민이 십오만
명, 고정이 오만여 명이며, 경비는 돈 삼만오천여 민緡, 쌀
이천삼백여 석이 들었다. 공사가 비로소 끝났으나 많은 비용과 여러
인력을 소모한 나머지, 만약 근본을 찾아 후일을 대비함이 없으면
예전의 공력이 아까울 뿐만 아니라, 또한 장차 그 피해가 전과 같을
것이므로, 특명으로 준천사를 그대로 두고, 아울러 사산四山을
금호禁護하고 구관勾管(업무를 맡아서 관장함)하게 하였다.』18)

이와 같이 특명에 의하여 영조 三十六년 四월에 준천사가 설치되었다.
도성 안에 있는 개천의 소준소준을 주업무로 하고, 백악산, 인왕산,
타락산, 목멱산 등 사산의 벌목을 금지하며, 순산순천과 더불어
순천순천 등의 감찰도 겸장겸할케 한 이 준천사는 제도를 정하여,
도제조都提調가 세 사람인데 시임時任 의정議政이 예겸하고, 제조가

13)《英祖實錄》卷九十五、〈英祖 三十六年 四月 九日(癸未)條,『大祭罷後 命臨五間水門 觀濬川 時
風雨大作 藥院政院玉堂 請對還寢 上不許』

14)《英祖實錄》卷九十五、〈英祖 三十六年 三月 十六日(辛酉)條,『敎曰 濬川之策 亦難摸捉
今後庶知頭緖 既命成一小編 名曰濬川事實 編成後序文 將製下 而若無繼筋之道 前功可惜 依堤堰司例
兵判判尹三軍門大將 例兼濬川司 三軍門參軍 兼濬川郞 曾經參軍 然後先擬摠府事 申飭銓曹』

15)《濬川事實》(己丑) 四九쪽,『己丑 功告訖 自始役 至是首尾 凡五十七日 役夫則坊民十五萬之外
雇丁五萬餘人 財力則凡費錢三萬五千餘緡 米二千三百餘石』

16)《濬川事實》(己丑) 四九쪽,『又下敎曰 其雖爲民 幾年經營用心 諸堂以下竭心 衆民竭力 濬川功訖
是誰之賜 陟降攸賜 既視其勤 豈可洗草鍊戎而止…』

17)《濬川事實》四四쪽-四五쪽,『役垂畢因 上敎 於廣通橋及五間水門永渡橋石 俱刻出地之限 以表之
又刻庚辰地平四字 將以爲來後 疏鑿之度也』

18)《增補文獻備考》卷二百二十二,〈職官考〉『諸司』濬川司』條,『濬川事實曰 英廟肇開川渠 疏瀹衆流
錯綜經緯 於里閭街衢之間 而注諸水門 歲月愈久 疏濬寢廢 山濯岸頹 而不曾防護 沙覆橋堙
而亦不修治 國都大川 便成平陸 生民受害 逐歲滋甚 惟我聖上 親策儒生 議有甲乙
而乾斷廓定 遂命諸臣 設所董濬 再次臨城 勞問役夫 京外民庶 樂趨爭赴 首尾凡五十七日
得役夫坊民十五萬 雇丁五萬餘 費錢三萬五千餘緡 米二千三百餘石 而功始告訖 然積費衆力之餘
若無溯本 備後之擧 則不特前功之可惜 亦將其害之依舊 故特命仍濬川司 並與四山禁護而勾管焉』

여섯 사람인데 그 중 하나는 비변사 제조가 겸임하며 다섯은 병조판서, 한성판윤, 삼군문 대장이 예겸하고, 도청 한 사람은 어영천총御營千摠이 예겸하며, 낭청 세 사람은 삼군문 참군이 예겸하였다. 이속吏屬은 서리書吏 다섯 명, 고직庫直 한 명, 사령使令 네 명, 수표직水標直 한 명을 두었다.[19] 그리고 개천 준설의 실무는 삼군문三軍門에 분담시켰는데, 그 분담 구역은 다음과 같다.

· 어영御營: 태평교부터 영도교 아래까지
· 금영禁營: 장통교부터 태평교太平橋까지
· 훈국訓局: 송기교松杞橋부터 장통교까지

이상은 개천의 본류인 대천大川에 대한 분담구역이고, 지류인 나머지 세천細川은 삼군문이 각기 관할하는 구역별로 분담하였다.[20] 그리고 대천이 문제가 있으면 삼군문이 협력하여 수리 개축하고, 세천이 문제가 있으면 각기 관할구역의 군문軍門이 단독으로 수리 개축하며, 혹은 개천을 사이에 두고 군영이 동서로 나뉘어 있어 관할구역이 다르면 각기 군영이 있는 쪽의 개천 둑을 해당 군문에서 수축修築하고, 개천은 양쪽 군영에서 협력하여 관리하도록 하였다.[21] 영조는 개천 준설 역사를 마치고 준천사를 상설하여 하천 정비를 제도화하였으나, 그래도 남은 일이 있었으니 그것은 개천 양안兩岸의 석축石築 공사였다. 태종 十二년의 개천 공사 때 종묘 동구로부터 상류 부분은 석축으로 쌓았고, 세종 때의 개천 보완 공사 때에도

종묘 동구로부터 수구문까지를 석축으로 쌓았으나, 거의 삼백 년의 세월이 흘러가는 동안 모두 퇴락하여 그 흔적마저 제대로 남지 않은 상태였다. 영조 三十六년의 대대적인 준천 공사 이후에도 매년 봄, 가을과 장마철에 개천 양안에 말뚝을 박고 버드나무를 심어서 제방을 수호하였으나, 말뚝을 박고 통나무로 얽어 놓은 것이 오래 견디지 못하고 무너지니, 석축하는 것이 가장 좋은 방법이었다. 하지만 비용이 과다하여 해마다 걱정거리가 되었다. 그리하여 영조 四十五년(一七六九) 五월에도 영의정 홍봉한이 도성 안의 천거에 석축을 하는 것이 마땅하다고 의견을 냈지만, 임금이 이를 어렵게 여겨 그대로 두게 하였다.[22]

그러다가 영조 四十九년(一七七三) 五월 하순에, 좌의정 김상철金尙喆의 건의로 관서關西에 무역하여 보관 중인 소미小米 일만 석을 삼군문에 빌려주어, 이를 석축에 필요한 물력物力으로 쓰는 것이 좋겠다고 하니, 임금이 이를 허락하였다.[23] 드디어 동년 六월 十일에 석축 공사를 시작하였는데, 이날 영조는 수표교에 거둥하여 여경방餘慶坊까지 가서 둘러보았다. 이는 삼군문에 명하여 분담해서 쌓게 하고, 이날 역사를 시작한 까닭으로 임금이 친히 나와 살펴본 것이다.[24] 또 석축이 완공된 八월 六일(壬辰)에는 왕세손王世孫(正祖)을 거느리고 광통교에 거둥하여 석축을 관람하고, 준천 당상과 금위禁衛, 어영御營 두 대장에게 가자加資를 명하고 나머지에게는 모두 말을 내려 주었다. 임금이 오언시五言詩와 칠언시七言詩 각 한 구句를 지어 내리고, 여러 신하들에게 화답해 올리라고 명하였다.

또 《어제준천명병소서御製濬川銘幷小序》를 지어 석축이 준공된 것을 기념하고, 액례掖隸에게 명하여 돈 스무 관貫을 다리 밑으로 던져 모여드는 아이들에게 줍게 하였다.[25] 이어서 임금이 기쁨을 표하면서 팔월 팔일(甲午)에는 삼군문에 명하여, 준천에 참여한 역부들을 호궤犒饋(군사들에게 음식을 베풀어 위로함)하게 하였으며,[26] 다음날인 팔월 구일(乙未)에는 보다 크게 시상하기 위하여 임금이 융무당隆武堂에 나아가 준천사 장교들에게 시사試射하고, 어제시 두 구句를 지어 내리고, 입시한 여러 신하들에게 화답해 올리라고 명하였으며, 이어서 선온宣醞(임금이 신하에게 궁중에서 빚은 술을 하사하는 것)을 내려 주고 장교들로 하여금 춤을 추게 하였다.[27] 영조 오십이년 삼월 오일(丙子) 임금이 경희궁慶熙宮의 집경당集慶堂에서 팔십삼 세를 일기로 승하昇遐하였다. 그 행장行狀(한문체의 하나. 사람이 죽은 뒤에 그 평생의 행적을 기록한 글)에 의하면,

『…공역이 끝나고 임금이 세손과 함께 광통교에 임어하였는데, 세손을 돌아보고 말씀하기를, 「뜻이 있는 자가 마침내 일을 이룬다. 무릇 큰 일을 하려면 먼저 뜻을 세워야 하니 이를 힘쓰라.」…[28]

하는 훈계訓戒가 기록되어 있다.

三, 영조조 이후의 준천 시행

앞에서 살펴본 바와 같이, 영조 삼십육년에 경진준천庚辰濬川의 큰 역사가 있었고, 영조 사십구년에는 개천 양안을 수호하기 위한 계사석축癸巳石築의 대역사가 있었지만, 그 뒤에도 역대의 임금 때마다 크고 작은 준천 역사가 되풀이되고 있었다. 그것은

---

19)《增補文獻備考》卷二百二十,〈職官考〉、「諸司, 濬川司」條,「濬川司 英祖三十六年 創置濬川司 掌疏濬開川 禁護四山之事 定都提調三員 時任議政例兼 提調六員 其一以備邊司提調兼差 其五兵曹判書 漢城判尹 三軍門大將例兼 都廳一員 以御營千摠例兼 郎廳三員 三道參軍例兼 吏屬書吏五人 庫直一名 使令四名 水標直一名」

20) 손정목,〈준천〉《서울 육백년사》제二권, 서울시사편찬위원회, 一九七八, 二三五쪽。

21)《濬川事實》四七쪽。

22)《英祖實錄》卷百十二,〈英祖 四十五年 五月 八日(己丑)〉條,「領相洪鳳漢… 又言城內川渠 宜石築 以防崩缺 上難之 命置之。」

23)《英祖實錄》卷百二十,〈英祖 四十九年 五月 二十九日(丁亥)〉條。

24)《英祖實錄》卷百二十,〈英祖 四十九年 六月 十日(戊戌)〉條,「上 幸水標橋 歷臨餘慶坊 自濬川之後 城中諸橋梁之兩岸 皆用木編 歲一改補 其費不貲 遂有石築之議 命三軍門 分把築之 是日始役 故上親臨視之。」

25)《英祖實錄》卷百二十一,〈英祖 四十九年 八月 六日(壬辰)〉條,「上 幸廣通橋 觀石築 王世孫隨駕 濬川堂上禁御兩將 命加資 餘皆錫馬 上製下五七言詩各一句 命諸臣賡進 又濬川銘幷小序 命掖隸 散錢二十貫於橋下 令兒童拾取。」

26)《英祖實錄》卷百二十一,〈英祖 四十九年 八月 八日(甲午)〉條,『命三軍門 犒饋濬川役夫。』

27)《英祖實錄》卷百二十一,〈英祖 四十九年 八月 九日(乙未)〉條,『上 御隆武堂 試射濬川將校 製下御製詩二句 命入侍諸臣賡進 仍爲宣醞 使將校起舞。』

28)《英祖實錄》卷百二十七,〈英祖 五十二年 三月 行狀〉條,『五日 卯時 王昇遐于慶熙宮之集慶堂壽八十有三… 四十九年… 功旣竣 王與世孫 臨廣通橋 顧謂世孫曰 有志者事竟成 凡欲有爲 當先立志 勉之哉…』

사산四山의 사석沙石이 흘러내리는 것을 근본적으로 방지할 길이 없는 데다가, 도성의 백성들이 오물 등을 마구 버리는 행위도 그치지 않아 개천이 메워지고 막히는 일이 되풀이된 때문이었다.29) 우선 《정조실록》을 보면, 정조 원년 七월에, 임금이 준천 당상 구선복을 종중추고從重推考(관원의 죄과를 신문하여 중벌에 의해 징계하는 것)하고, 도청都廳 윤수인尹守仁을 곤장을 쳐서 도태淘汰하라고 명하였으니,

『금년은 오래 가물어 당초에 장맛비로 흙탕물이 내려갔다고 말할 수가 없는데도, 내가 듣건대 「庚辰地平」의 넉 자를 각비刻碑한 것 중에 그 한 글자도 보이지 않게 되었다고 하니, 선조先朝가 비를 세운 거룩한 뜻이 어떻겠는가.……』30)

하고, 이런 하명下命이 있었던 것이다. 오랫동안 가물어 비가 내리지 않았는데도 불구하고 「庚辰地平」을 각비한 것이 보이지 않을 정도로 개천 바닥이 높아진 데는 준천사濬川司의 천거川渠 관리에 문제가 있다고 할 수밖에 없었다. 이어서 정조 四년 六월의 기록에도

『밤새도록 비가 내리기는 했으나 쏟아지듯이 많이 내리지는 않아서 측우기測雨器의 수심水深 또한 서너 치에 지나지 않았는데, 새벽에 수표직水標直이 보고한 것에는 수표 위로 물이 넘쳤다고 하였으니, 반드시 근래에 천거가 막혀도 전혀 준설하지 않은 탓일 것이다. 이후로는 각별히 신칙을 더하라.』31)

하고, 준천사에 하명하여 개천을 소준疏濬시켜 물 흐름을 원활히 할 것을 분부하였다. 이상의 기록들을 보면, 정조 때에도 여러 차례 준천의 공역이 있었음을 알 수 있으나, 그 규모가 크지 않았던 탓인지 구체적인 역사役事의 내용을 찾아볼 수 없다. 이어서 순조純祖 十八년 五월의 기록을 보면,

『준천사에서 개천을 파서 쳐내는 공역을 마쳤다고 아뢰었다.』32)

라는 짧막한 기사가 있다. 그러나 순조 三十三년(一八三三)의 준천은 二월 二十二일부터 역사를 시작하여 四월 十九일에 공역을 끝마치는 대대적인 준천이었는데, 그 준비는 전년부터 시작되었으니, 《순조실록》〈순조 三十二년 八월 十三일(丁亥)〉조에는 다음과 같이 비변사備邊司에서 준천 사목事目을 아뢰었음이 기록되어 있다.

『준천의 절목節目은 묘당廟堂과 준천사 당상이 깊이 숙의熟議하여 거행하되, 재력을 넉넉히 확보하여 영구히 실효實效를 거둘 수 있도록 하라는 하명이 계셨습니다. 이 일은 대체로 영조 때의 대준천大濬川 이후 한 해 걸러 한 번, 혹은 이삼 년 간격으로 개천의 소척疏滌에 힘쓰지 않은 것은 아니나, 지금에 와서는 개천이 메워지고 막혀 그 피해가 점점 더 심하니, 이는 오로지 해마다 소척한다고 한 것이 크게 공역功役을 벌여 장구한 계책을 세우지 못한 까닭입니다. 지금의 방도로는 불가불 「경진지평」을 기준으로 삼아야 하는데, 진실로 영구히

편하려고 한다면 일시의 수고로움을 아끼지 말아야 할 것입니다. 고군고용군雇軍을 모집하는 비용과 삼태기, 삽 등의 공구류와 어느 곳에서 일을 시작하고 어느 곳에 조산造山하는가 등은 마땅히 경진庚辰 사목事目으로 가부를 참고하고 형편에 따라야 할 것입니다. 무엇보다도 방민坊民을 통틀어 부역시키는 일은 비록 전례가 있다 하더라도 납득이 가도록 신중히 할 것이며, 각 군문軍門의 장교에서부터 각 사司의 원역員役, 시인市人, 공인貢人, 액례掖隷 등은 한결같이 경진년의 예례에 따라 삼 일씩 부역하게 하고, 제사諸司의 관생官生(관원, 생원)과 각 도道 출신의 저인邸人 등도 또한 한결같이 준행토록 할 것입니다. 각 영營의 군병은 가난한 자가 많으므로 각 사의 도례徒隷(이속吏屬의 하나. 사령使令, 구종驅從, 심부름하는 군사의 총칭)와 공장工匠 들과 함께 단지 이틀만 부역하게 할 것입니다. 그리고 이 공역은 도성 안의 큰 역사이므로 평상시의 좌경군坐更軍에 견주어 사체事體(일의 大體)가 더욱 중하니, 조정의 사대부 집에서는 평민보다 솔선해야 할 것입니다. 종친宗親으로부터 문관文官, 음관蔭官, 무관武官, 경재卿宰 등의 일품 이하는 모두 좌경坐更의 사례에 따라 각각 가정家丁을 내세워 부역하게 하되, 의당 분등分等이 있어야 하겠으므로

이품 이상은 오 일씩, 삼품 이하는 삼 일씩 하도록 식례式例를 정하고, 한성부의 공문을 받으면 위반함이 없도록 할 것입니다. 방민으로 대천大川과 중천中川 양쪽에 사는 자에 한하여 집 앞의 길을 닦는 예에 따라 또한 삼 일씩 부역하게 하되, 그 나머지 가난한 사민士民들은 모두 거론하지 말게 함으로써 조정에서 발례발례(式式을 들어서 뽑아 버림. 例外의 뜻)로 진휼賑恤하는 뜻을 보이도록 할 것입니다. 소용되는 물력物力은, 들은 바에 의하면 준천사에 남아 있는 것이 칠천구백 냥에 지나지 않는다고 하니, 우선 혜국惠局(선혜청)에서 명년 이송조移送條로 이천사백 냥을 빌리도록 하면 일만 냥가량이 되고, 여기에 동원의 역사를 중지하였으니 그 일로 저축한 돈 중에서 이만 냥을 우선 당겨서 쓰게 하고, 그 돈은 다시 영건하게 되었을 때에 변통하여 갚도록 할 것입니다. 그리고 「경진준천경진준천庚辰濬川」 때 시행한 것처럼 백악산, 목멱산 및 천거의 신神에게 치제致祭한 예가 있으니, 이번에도 그때와 같이 봉행奉行(임금의 뜻을 받들어 일을 행함)할 것입니다.」33)

이상의 기록을 통하여 첫째, 영조 三十六년의 대준천大濬川이 있은

29) 손정목, 〈준천〉 《서울 육백년사》 제二권, 서울시사편찬위원회, 一九七八, 二三六쪽.

30) 《正祖實錄》 卷四, 《正祖 元年 七月 十三日(乙亥)》條, 『乙亥 命濬川堂上具善復 從重推考 都廳尹守仁 棍汰 教曰 今年久旱 初無霖潦之可言 而聞庚辰地平之四字碑刻 幾乎無一字出見 先朝竪碑 聖意何如… 仍有是命.』

31) 《正祖實錄》 卷九, 〈正祖 四年 六月 二十六日(癸酉)〉條, 『癸酉 飭濬川司疏濬之政 教曰 夜雨達宵

32) 《純祖實錄》 卷二十二, 《純祖 十八年 五月 十九日(丙辰)》條, 『丙辰 濬川司 以濬川畢役 啓.』 《純祖實錄》 卷三十二, 〈純祖 三十二年 八月 十三日(丁亥)〉條.

33) 《純祖實錄》 猶不至如注 測雨水深 亦不過三四寸 曉頭水標之報 則標上過流云者 必是近來 川渠壅閼 全不疏濬之致 此後另加申飭.』

후에도 격년으로 혹은 이삼 년에 한 번씩 개천 준설이 있었다는 것, 둘째, 순조 三十二년에 이르러서는 개천이 메워져 막힌 것이 극도에 달하여 피해가 점점 더 심한 지경에 다다라 영조 三十六년과 같은 역사가 필요해졌다는 것, 셋째, 이번 역사의 규모, 시공 방법, 인력 동원, 시설 관리 등은 모두 경진년의 예에 의하여 준비하고 착수하게 되었다는 사실을 알 수 있다.[34] 그러나 이와 같은 보고가 있은 지 삼 개월 뒤인 동년 十二월 초하루에 하교하기를,

『근래에 준천의 일을 강구한 적이 있으나, 지금에 와서 생각하니, 이렇듯 대흉년이 든 때에 한편에서는 설진設賑(재민災民 또는 기민饑民을 위한 진휼을 베푸는 일)하고, 한편에서는 발매發賣(물품을 내어 팖)를 하고 있는데, 도리어 도성 안의 백성들을 모아 국역國役을 돕게 하는 것은 자못 흉년에 진념軫念하는 본의가 아니다. 「준천할 때에 백관百官, 군민軍民, 생도生徒, 원역, 공장 등을 부역시킨다」는 한 조항은 내버려 두고, 내하은內下銀 이천 냥으로 대충代充하여 부족한 수량은 다시 좋은 방도를 구획區劃하라고 묘당廟堂으로 하여금 준천사에 분부하도록 하라.』[35]

고 하여, 다음 번에 실행할 준천에 백관, 군민, 생도, 원역, 공장 등은 동원하여 부역시키지 말고, 내사은內賜銀 이천 냥으로 고립군雇立軍이라는 고용 노동력을 동원하여 준천을 실행하는 방안이 실제로 적용되었던 것이다. 순조 三十三년 二월 二十二일(癸亥)에,

『준천사에서 준천 공역을 시작한다고 아뢰었다.』[36]

고 하였으니, 이른바 「계사갱준癸巳更濬」이 이날 시작되어 약 이 개월 뒤인 동년 四월에 끝난 것이다. 四월 十九일(己未)에,

『준천사에서 송기교松杞橋부터 영도교永渡橋에 이르기까지 「경진지평」의 기준에 의해 개천을 파서 공역을 끝마쳤다고 아뢰니, 당상 이하에게 차등있게 시상하였다.』[37]

하였는데, 영도교永都橋는 영도교永渡橋로서 오간수문五間水門의 하류에 있던 다리를 일컬음이니, 이때의 「계사갱준」도 개천 전역全域에 걸친 대역사大役事였던 것임을 알 수 있다. 그리고 이 당시 동원된 인력에 관한 기록은 전해지지 않으나, 준천의 물력은 당초 三만七천三백 냥을 구획하였는데, 三월 二十二일에 관동關東의 물력 중에서 이만 냥과 선혜청宣惠廳의 돈 일만 냥을 합한 삼만 냥을 더하였는데도 부족하여,[38] 四월 十六일(丙辰)에는 균역청均役廳과 각 영문營門의 돈 팔천 냥을 다시 충용充用하였으니, 도합 칠만오천삼백 냥 이상이 소요되었으며, 여기에다 준천하는 군민들에게 각각 그 영영에서 음식을 베풀어 위로하게 하였으니,[39] 그 물력은 대단한 것이었다고 생각된다. 이어 헌종憲宗 때에는 큰 역사가 없었던 것 같으며, 다만 격년 또는 이삼 년에 한 번씩 연례적인 소규모 준천 역사가 되풀이된 데 불과한 것으로 여겨진다.

철종哲宗 九년 五월에도 준천이 있었다는 기록이 있다. 그런데 이때의 준천에서는 역사를 부실하게 하였으므로, 하교하기를,

『준천의 역사가 이제 끝났음을 고하였다. 그러나 만약 준천한 이름만 있고 준설한 실상이 없다면 이를 두고 어찌 국가에 기강이 있다고 하겠는가. 즉시 뒤따라 적간摘奸하고 회주回奏(임금의 물음에 대해 심의하여 상주上奏함)하여서 계문하도록 하라. 어영御營에서 준천한 바는 유명무실하니, 귀추를 면하지 못할 것이다. 준천한 사석이 곳곳에 쌓여 있는 것은 이쪽을 파서 저쪽으로 옮겨 놓음으로써 일을 대강 끝내려는 계책에서 나온 것인데, 만약 한번 비가 내려 토사土沙가 물길에 쓸려 내려가게 되면 장차 전처럼 꽉 막히게 될 것이다. 그렇게 된다면 개천을 쳐서 소통시키는 뜻이 과연 어디에 있겠는가. 성첩城堞이 무너진 데 이르러서는 하나도 수축하지 않은 채 성을 넘나들며 출입하는 데도 전혀 방한防限이 되지 않고 있다고 하니, 일의 허술함이 이보다 심할 수 없다. 만약 이를 묻지 않고 그대로

둔다면 드디어 국가의 기강을 강구할 데가 없을 것이니, 해당 어영대장 심낙신沈樂臣을 파직하는 법률로써 시행하라.』40)

하여, 국가의 기강을 문란하게 한 죄로 공사 부분을 담당한 책임자인 어영대장 심낙신을 결국 파직시켰다.

고종高宗 때에 들어와서는 준천 역사를 하였다는 기록이 실록에 자주 나오고 있다. 순조 三十三년 「계사갱준」의 대규모 역사 이후 그 동안 비교적 소규모 역사만으로 유지가 되었는데, 오랜 세월이 흐른 탓으로 개천 바닥이 메워지고 막혀 버려 다시 큰 역사를 하지 않을 수 없었다. 그리하여 《고종실록》 〈고종 二년 三월 二일〉조에,

『비변사에서 아뢰기를, 「도성 안에서 준천을 실시한 지가 지금 팔년이라는 오랜 기간이 지나다 보니, 사토沙土와 진흙으로 막혀서 천변川邊의 민가들이 걸핏하면 물 속에 잠기는 화를 당합니다. 장마철이 오기 전에 다시 더 준설하라고 준천사와 각 군영 대장에게

34) 손정목, 〈준천〉, 《서울 육백년사》 제二권, 서울시사편찬위원회, 一九七八, 二一六쪽-二一八쪽.

35) 《純祖實錄》 卷三十二, 《純祖 三十二年 十二月 初一日(癸卯)〉條, 『教曰 頃以濬川事 雖已有講究者 到今思之 則當此大無之年 一邊設賑 一邊發賣 而反使都下民人輩 收斂以助國役 殊非荒年存恤之本意 到今 濬川時 百官軍民徒員役工匠等 赴役一款 置之 內下銀二千兩 以充其代 不足之數 令廟堂 更爲從長區劃事 分付濬川司.』

36) 《純祖實錄》 卷三十三, 《純祖 三十三年 二月 二十二日(癸亥)〉條, 『濬川司 以濬川始役 啓.』

37) 《純祖實錄》 卷三十三, 《純祖 三十三年 四月 十九日(己未)〉條, 『己未 濬川司 以自松杞橋 至永都橋 依庚辰地平 開濬畢役 啓 堂上以下 施賞有差.』

38) 《純祖實錄》 卷三十三, 《純祖 三十三年 三月 二十三日(癸巳)〉條.

39) 《純祖實錄》 卷三十三, 《純祖 三十三年 四月 十六日(丙辰)〉條.

40) 《哲宗實錄》 卷十, 《哲宗 九年 五月 九日(癸未)〉條, 『教曰 濬川之役 今旣告竣矣 若或有濬之名 而無濬之實 則是豈國綱然乎 即從摘奸 回奏而聞之 御營所濬 誠不免有名無實之歸矣 濬川沙石之在在積峙者 莫非掘此移彼 草草了當之計 而若經一番雨水 流下之土 將見依舊淤塞 夫然則疏鑿之意 果安在哉 至於城堞之圮毀者 一不修築 踰城出入 蕩無防限云 事之疏虞 莫此爲甚 此若置之 勿問之科 則國綱遂無可講之地 該營大將沈樂臣 施以罷職之典.』

알려서 근일 중에 공역을 시작하게 하는 것이 어떻겠습니까.」 하니,

임금이 윤허允許하였다.」41)

라고 기록되어 있다. 여기에서 「도성 안에서 준천을 실시한 지가 지금 팔 년이라는 오랜 기간…」이라고 한 것은 주목할 만하다. 고종 二년으로부터 팔 년 전은 철종 九년에 해당하며, 철종 九년에 준천의 역사가 있었음은 앞에서 고찰한 바와 같다. 철종 九년에 준천이 있은 후 팔 년 동안이나 방치해 두었다면, 개천이 사토로 메워져 막혀 버려 그 상태가 말이 아닐 정도로 악화되었음을 알 수 있다. 이어 구 일 뒤인 三월 十一일에 의정부에서 아뢰기를,

『준천의 역사가 한창 벌어지고 있는데, 각 군문 장교에서부터 각 사의 원역, 시인市人, 공인貢人, 액례, 제사의 관생, 각 도의 저리邸吏는 한결같이 경진년의 예에 의하여 삼 일씩 부역하게 하고, 각 영의 군병, 각 사의 도례와 공장工匠 들은 이 일씩 부역하게 할 것입니다. 사대부의 집에서는 먼저 공역을 도와야 할 것이니, 문관, 음관, 무관, 경재 이하는 한결같이 좌경坐更의 예를 따라 일품에서 이품까지는 오 일씩, 삼품 이하는 삼 일씩 부역하게 하고, 개천가에 거주하는 백성들도 삼 일씩 부역하게 하되, 그 나머지는 양반, 상민을 막론하고 일체 침해하지 말게 할 것입니다. 그리고 선혜청의 돈 팔천구백 냥을 우선 세 군영에 나누어주되 충용한 후 구획하게 할 것이며, 이번의 큰 공역에서 대강 일을 끝내어 유명무실하게

하면 몇 해 안 가서 시끄러울 뿐만 아니라 비용만 허비한 것이 되니, 물줄기를 어디로 돌리고 사토를 어디로 치워야 하는지를 각별히 강구하여 기필코 보람이 있게 하라는 뜻으로 분부함이 어떻겠습니까.」

하니, 이를 윤허하였는데,42) 이 역사가 정확히 언제 시작되어 며칠 후 끝난 것인지는 알 수 없다. 다만 《고종실록》〈고종 二년 五월 一일〉조에, 『준천을 할 때 도제조 이하에게 차등있게 시상하고, 제조提調인 신관호申觀浩, 겸제조兼提調 임태영任泰瑛 허계許棨 이경하李景夏, 도청인 이관연李觀淵 이민상李敏庠 서상익徐相益 김선항審善恒 양주화梁柱華 박정희朴鼎憙 현승운玄昇運에게 모두 가자加資하였다」43)는 기록이 있음을 미루어 볼 때, 三월 중순에 시작하여 그 해 四월 하순경에 끝났음을 알 수 있다.

이어서 고종 六년(一八六九)과 고종 七년(一八七〇)에도 준천을 하였다는 기록이 있다. 그런데 고종 六년의 준천에 관해서는 그 역사의 시역始役을 하명하였다는 기사만 있을 뿐이고 그 경과에 관한 기록은 보이지 않으므로, 준천의 자세한 것은 알 수가 없다. 그러나 다음해인 고종 七년 三월 一일의 기록에는,

『준천사에서 「대천大川의 석축 역사를 이제 시작하겠으며, 준천도 또한 작년의 예에 의하여 거행할 것입니다」라고 아뢰었다.」44)

고 하였으니, 이 기사를 통해서 고종 육년에 이어 그 다음해인 고종 칠년에도 준천이 있었음을 알 수 있다. 그러나 고종 십오년, 십육년이 되면 벌써 고종 이년의 대규모 준천이 있은 지 십여 년이 경과된 뒤라서 개천이 메워지고 막힌 것이 매우 악화되어 있었던 것 같다. 고종 십육년(一八七九) 칠월에 큰비가 와서 한성부민의 경우, 각 부(五部)의 구역 안에서 집이 전부 무너진 것이 구백서른세 호戶, 집이 전부 떠내려간 것이 서른한 호, 집이 절반 무너진 것이 일백마흔여덟 호, 대부분 무너지고 온전한 것이 집이 이백 호, 대부분 온전하고 무너진 것이 적은 집이 일흔일곱 호였고, 압사壓死한 장정들도 많았던 큰 수재水災를 입었다.45) 이리하여 고종 십칠년 이월 십오일 영의정 이최응李最應은 임금과의 차대次對에서,

『도성 안에서 준천의 역사를 이미 여러 해 실시하였으나, 작년 여름 오랜 장마가 있은 뒤에 크고 작은 도랑이 막히지 않은 데가 없다 보니, 개천 근방의 집들이 홍수 피해를 많이 입었습니다. 소척疏滌의 절목을 제때에 하지 않을 수 없어서 지금 이미 준천사와 한성부로 하여금 을축년乙丑年(一八六五년 고종 이년)의 예에 따라 이를 시행하게 하고 있으나, 준천의 역사에 매번 힘을 들이지 않은 까닭으로 문득 유명무실한 데로 돌아가고 맙니다. 공역을 부지런히 하는가, 태만히 하는가를 살펴서 죄를 주는 방도가 있어야 하겠으니, 이런 뜻으로 각 해당 영营에 다같이 엄하게 신칙하는 것이 어떻겠습니까.』

라고 아뢰니, 임금이 이를 윤허하였다.46) 이렇게 고종 십육년에 큰 수재가 있었고, 이듬해인 십칠년에 준천 역사를 실시했음에도 불구하고, 고종 이십이년(一八八五) 칠월에 또 홍수가 나서 큰 피해를 입게 되어, 이십삼년 정월에는 영의정 심순택沈舜澤이

『준천에 관한 것은 바로 나라의 법전에 실려 있습니다. 옛날 영조

---

41)《高宗實錄》卷二,〈高宗 二年 三月 二日〉條,『備邊司啓 城內濬川 今爲八年之久 沙土淤塞 川邊閭舍 動有衝溢之患 於潦水前 更加疏瀹事 知委濬川司及各營大將 使之從近始役何如 允之。』

42)《高宗實錄》卷二,〈高宗 二年 三月 十一日〉條,『十一日 議政府啓 濬川之役 方張經紀 而至於各軍門將校 各司員役 市人貢人 挨諸諸司官生 各道邸吏 一依庚辰例 使之三日赴役 各營軍兵 各司徒隷及工匠輩 二日赴役 士夫之家 宜先董力 自文蔭武卿宰以下 一品至二品五日 三品以下三日 川邊居民 三日赴役 而餘外無論班常 一切勿侵 惠廳錢八千九百兩 爲先派分于三營 待用下區劃 今此鉅役 若又草草了當 有名無實 則不出幾年 徒煩徒費而止 凡水勢之疏浚 沙土之區處 各別講究 期有著效之意 分付如何 允之。』

43)《高宗實錄》卷二,〈高宗 二年 五月 一日(乙未)〉條,『五月初 一日乙未 濬川時 都提調以下 施賞有差 提調申觀浩 兼提調任泰瑛許棨李景夏 都廳李觀淵李敏庠徐相益金善恒梁柱華朴鼎喜玄昇運 並加資。』

44)《高宗實錄》卷七,〈高宗 七年 三月 一日(丁卯)〉條,『三月初一日丁卯 濬川司 以大川石築 今將始役 濬川亦依昨年例擧行 啓。』

45)《高宗實錄》卷十六,〈高宗 十六年 七月 五日(辛未)〉條。

46)《高宗實錄》卷十七,〈高宗 十七年 二月 十五日〉條,『十五日 次對領議政李最應曰 都下濬川之役 已經多年 而昨夏長霖之後 大小溝渠 無不塡闊 傍近閭舍 多被浸溢之患矣 疏滌之節 不容不趁 今經紀 令濬川司及京兆 依乙丑年例爲之 而濬川之役 每不著力 故輒歸有名無實而止 察其擧行勤慢 當有論警之道 以此意一體嚴飭於各該營何如 允之。』

때에 오간수문과 영도교의 돌에 모두 「出地之限」이라고 새겼고, 또 「庚辰地平」넉 자를 써서 뒷날 소착疏鑿 공사가 있으면 기준을 삼도록 표시하였습니다. 이 성공聖功으로 하여 후세에 영원히 덕을 입게 되었는데, 근년에 와서 개천 바닥을 자주 쳐내지 못하여 사석沙石이 쌓여 물길이 막혀서 장마가 지면 물이 넘쳐나는데, 백성들이 피해를 입는 것이 해마다 점점 더 심해지고 있으니, 물에 빠져 죽을 우환도 또한 가까워 온다고 할 수 있습니다. 이제는 비용이 매우 부족해서 큰 공역을 벌이기가 곤란하기는 하지만, 백성들의 고통과 관계되니 그만둘 수 없습니다. 한성판윤과 별영사別營使로 하여금 전적으로 관장하여 거행하게 하되, 빨리 역사를 시작하도록 함이 좋을 것 같습니다」하니, 임금이 하교하기를, 「깊이 더 소착하여 기필코 실효가 있게 함이 좋겠다.」[47]

고 하였다. 이때의 준천도 그 구체적인 실시 상황을 알 수 없으나, 준천할 때의 감동 당상監董堂上 이하에게 차등있게 시상하고, 도청인 남계복南啓宓 윤홍대尹弘大 이교응李教應에게 모두 가자하였다[48]는 기록만 남아 있다. 이어서 육 년 뒤인 고종 이십팔 년 삼월 이십구일에도 또한 영의정 심순택이 임금과의 차대에서,

『도성 안에서 준천한 지 지금 육 년이 되니, 요즘은 쌓인 모래가 흘러내려 와서 막힘이 심합니다. 만약 큰 장맛비라도 있으면 도성 백성들이 물에 잠길 우환을 미리 방지하지 않을 수 없으니, 비가 오기

전에 있는 힘을 다하여 파내고, 겉면이나 긁어내어 적당히 사례事例를 갖추어 책임이나 모면하게 해서는 안 될 것입니다. 비용과 기계를 분배하여 마련하는 것은 병술년丙戌年(一八八六년 고종 이십삼년)의 전례가 있으니, 빨리 공역을 시작하여, 특히 깊게 준설하되 기필코 여름 장마철 전에 역사를 끝내도록 해당 관청과 각 해당 군영에 분부하는 것이 어떻겠습니까.』

하니, 임금이 윤허하였다[49]는 기록이 있는데, 종전의 예와 같이 그후 실행 상황에 대한 기사나 공로자에게 시상이 있었다는 기록도 없으나, 이 해에도 소규모의 준천 공역은 있었을 것으로 추측된다. 조선조에서 마지막으로 시행된 비교적 대규모의 준천 공역은 고종 삼십년(一八九三)의 일인 것 같다. 고종 삼십년 삼월 오일의 기록에 의하면,

『이번의 준천은 오영五營(훈련도감, 금위영, 어영청, 수어청, 총융청)이 힘을 합쳐 거행하라고 명하였다.』[50]

고 하였으니, 이때의 역사도 의정부의 건의에 따라 물력이 마련되었으므로 백성들의 부역으로 이루어졌고, 거기에다 오영의 군병이 합력한 것이었음을 그 전날 삼월 사일자 기사를 보면 알 수가 있다. 이때의 역사는 거의 이 개월 반이나 걸려 五월 十八일에 끝마쳤으니, 즉

『한성부에서 준천한 일을 가지고 말하였는데、 송기교에서
영도교까지 개천의 준설은 이제 이미 끝났다고 아뢰었으며、
영문에서 구역을 나누어 준천한 것 또한 끝났다고 아뢰었다。』[51]

고 하였다。 그리고 이튿날인 五월 十九일에는、

『준천사 당상관 이하에게 차등있게 시상하였다。 도청인 이일李鎰
허경許璥 이항의李恒儀 이교준李敎駿 구연식具然軾에게는 모두
가자하였다。』[52]

라고 기록되어 있다。

이상을 요약하면 다음과 같다。 서울 도성 안을 가로질러서 흐르는
개천은 임진왜란과 병자호란을 겪은 뒤부터 사산四山이 황폐해지고
개천 관리도 소홀해져、 토사土沙와 오폐물汚廢物이 쌓인 것이 심하여
개천 바닥은 높아지고 수문水門은 막혀、 한번 큰비만 내리면
수재水災를 입는 일이 상례처럼 되었다。 영조 三十六년(一七六○)에 개천
길이 막혀서 토사로 덮이고 다리가 문혀、 장맛비가 내리면 그만
넘쳐흐르게 되니、 역군을 모집하여 최대 규모의 준천 공역을
하였다。 그리고 준공된 다음에는 준천사濬川司를 수표교 북쪽
천변川邊에 상설하여 개천 관리와 준천 역사 등을 전담하고 감독하게
하였다。 이때 광통교, 수표교와 오간수문, 영도교에
「出地之限」이라고 새겨 표시해 두고、 또 「庚辰地平」이라는 넉 자를
새겨서 앞으로 개천을 준설하게 되면 기준을 삼게 하였으며、
《준천사실》이라는 책자를 만들었는데 이 책에 실린 《준천사
절목》은 후일의 준천 역사가 있을 때 항상 참고하는 공역 기준이
되었다。[53] 준천은 격년 또는 이삼 년에 한 번씩 실시하였는데、
주목할 만한 것은 순조 三十二년(一八三二) 비변사에 의해 만들어진
《준천사목濬川事目》이다。

47)《高宗實錄》卷二十三、〈高宗 二十三年 一月 二十七日〉條、『領議政沈舜澤曰 濬川卽邦典攸載也
昔在英廟朝 五間水門永渡橋石 俱刻出地之限 又刻庚辰地平四字 以表來後疏鑿之度 大哉聖功
萬世永賴、而挽近開濬 未能頻擧 淤沙之所湮塞 霖潦之所泛溢 生民受害 逐年滋甚 墊溺之患 亦云近矣
顧今經用甚絀 難辦巨役 然事關民隱 有不容已 令京兆尹別營使 專管擧行 斯速經始好矣 教曰
深加疏鑿 期有實效可也。』

48)《高宗實錄》卷二十三、〈高宗 二十三年 八月 七日(丁卯)〉條、『濬川時 監董堂上以下 施賞有差
都廳南啓必尹弘大李敎應 竝加資。』

49)《高宗實錄》卷二十八、〈高宗 二十八年 三月 二十九日〉條、『次對 領議政沈舜澤曰 城內濬川 今爲六年
積沙流來 湮塞近甚 若或有巨潦 則都民沈墊之患 不可不豫防 迫天未雨 極力疏掘 俾不得爬刮膜外
備例塞責、而財費器械之分排措辦 旣有丙戌已例 斯速始役 另加深濬 期於夏節潦水前告竣事
分付該司及各該營何如 允之。』

50)《高宗實錄》卷三十、〈高宗 三十年 三月 五日〉條、『命今番濬川 五營合力擧行。』

51)《高宗實錄》卷三十、〈高宗 三十年 五月 十八日〉條、『十八日 漢城府 以濬川 自松杞橋 至永都橋開濬
今已畢役 啓 各營門分界濬川 亦爲畢役 啓。』

52)《高宗實錄》卷三十、〈高宗 三十年 五月 十九日〉條、『十九日 濬川司堂上以下 施賞有差
都廳李鎰許璥李恒儀李敎駿具然軾 竝加資。』

53) 손정목,〈준천〉《서울 육백년사》제二권, 서울시사편찬위원회, 一九七七, 二二二쪽.

이 《준천사목》의 중요한 내용은 「경진지평」을 기준으로 할 것과, 방민을 다 부역시키기는 어려웠기 때문에 대규모의 준천 때에는 종친, 경재경宰, 조정 사대부들이 솔선하여 가정家丁을 내어 부역하게 한 것이다. 실제로 순조 三十三년(一八三三)에 시행한 준천은 이 해 二월 二十二일부터 역사를 시작하여 四월 二十九일에 끝나는, 이른바 「계사갱준」이라는 대규모 역사로서, 당시 이 공역으로 소요된 물력은 참으로 막대한 것이었다. 이후 준천 공역은 만년에 이를수록 소홀해졌고, 고종 三十년(一八九三)에 비교적 큰 준천 역사가 있었으나 이듬해인 고종 三十一년(一八九四)의 갑오경장甲午更張으로 국력이 쇠퇴해지니, 준천의 필요성도 점점 줄어들 수밖에 없었다.

四, 개천의 발원지와 교량

한성부 개천의 내력을 고찰하면, 조선조 태조太祖 三년(一三九四) 十월 二十五일(辛卯)에 송도에서 지금의 서울인 한양으로 천도하여 종묘, 사직, 궁궐, 문묘, 도성 등을 건설하고 수도 서울의 면모를 일신하였으나, 원래 서울의 지형이 백악산, 인왕산, 목멱산, 타락산의 사산四山으로 둘러싸인 분지인 까닭으로 해마다 장맛비에 배출되는 오폐물 등을 처리하는 데 곤란을 겪고 있었다. 이에 태종太宗 十一년(一四一一) 윤十二월 一일에 와서는, 서울 한가운데를 관통하여 흐르는 천거川渠를 개착해서 여간한 장맛비에도 견딜 수

있도록 역사役事를 벌이지 않을 수 없었다.
그리하여 태종 十二년(一四一二) 一월에, 개천도감開川都監을 설치하고 경상도, 전라도, 충청도 삼도의 군인 오만여 명의 역군을 동원하여 공역을 착수한 지 약 一개월 뒤인 二월 十五일에 준공을 보게 되었는데, 대체로 당시의 개천 모습은 오늘날의 청계천 흐름과 같은 물줄기의 흐름이었다. 맨 앞에서 이미 언급하였지만, 《신증동국여지승람新增東國輿地勝覽》의 〈한성부〉 「산천 개천」조에 의하면,

『백악산, 인왕산, 목멱산 여러 골짜기의 물이 합쳐져 동쪽으로 흘러내려, 도성 가운데를 가로질러서 삼수구三水口로 나와서 중량포中梁浦로 들어간다.』

고 하였다. 그러면 개천의 발원지發源地와 개천에 놓인 여러 교량橋梁 등을 《증보문헌비고增補文獻備考》, 고종 때 편찬된 《동국여지비고東國輿地備攷》 등과 기타 자료를 통하여 좀더 상세히 고찰하고자 한다. 먼저 《증보문헌비고》의 〈여지고輿地考〉 가운데 「산천 개천」조에는 다음과 같이 기록되어 있다.

『개천. 발원發源은 인왕산 동쪽에서 나와, 자수궁慈壽宮과 옥류동玉流洞, 누각동樓閣洞 물길을 경유하면서(발원은 인왕산 동쪽에서 나온다) 남쪽으로 흘러 금청교禁淸橋, 종침교琮沈橋를 경유하여 모이고,

오른쪽으로 승전색교承傳色橋 물길을 지나서(발원은 사직社稷 남쪽에 있는 경희궁慶熙宮의 북쪽에서 나온다) 송기교松杞橋에 이르며, 왼쪽으로 북어교北御橋 물길을 지나(발원은 대은암大隱巖에서 나와, 경복궁景福宮 서쪽으로 들어가 경회지慶會池의 물과 합하여 금청교 동남쪽을 지나서 남금교南禁橋로부터 온다) 꺾여서 동쪽으로 흘러 삼청동三淸洞 물길을 지나고(발원은 사동寺洞, 수침동水砧洞에서 나와, 백련봉白蓮峯 남쪽에 이르러 합류하여, 장생전長生殿 앞 다리를 경유하고, 십자각교十字閣橋와 경복궁 성 안의 동변東邊 물길과 합한다) 중학교中學橋로부터 남쪽으로 흘러 혜정교惠政橋, 운종가雲從街 남교南橋를 경유하여(속칭 이 거리를 생선전生鮮廛이라 하고, 운종가로 고쳤다)、대광통교大廣通橋를 경유하고 오른쪽으로 곡교曲橋 다리를 모전교毛廛橋라 하는데, 영조 三十六년에 국초國初의 옛 이름을 상고해내어서 물길을 지나서(하나는 목멱산의 북창동北倉洞에서 나와 수각교水閣橋, 전도감교錢都監橋, 미장동美墻洞 동교東橋를 경유하여 동쪽으로 흐르고, 하나는 정릉동貞陵洞에서 나와, 동쪽으로 흘러 군기시교軍器寺橋가 되어, 동쪽으로 흘러 수각교 물길과 합하여 소광통교小廣通橋를 경유하여 오며, 하나는 회현동會賢洞에서 나와 동현교銅峴橋와 소광통교를 경유하여 물길이 합쳐져 곡교를 경유하며, 하나는 명례궁明禮宮에서 나와 곡교의 동쪽으로 들어간다) 장통교長通橋가 된다.(예전에는 광제교廣濟橋가 광통의 동쪽과 장통의 서쪽에 있었으나, 지금은 폐廢하였다) 왼쪽으로 통운교通雲橋 물길은(속칭 철물전鐵物廛이라 하는데, 대소大小 안국동安國洞에서 나오다) 수표교水標橋, 하랑교河良橋를 경유하여 오른쪽으로 초전동草廛洞 물길을 지나며(발원은 목멱산의 북쪽에서 나와 주자동교鑄字洞橋로부터 온다)、또 오른쪽 부동部洞 물길을 지나서(발원은

목멱산 북쪽에서 나와 부동교部洞橋로부터 온다) 영풍교永豐橋가 된다(속칭 효경교孝經橋라고 한다)。동쪽으로 흘러 왼쪽으로 이교二橋水를 지나고(하나는 응봉鷹峯의 동쪽에서 나와、북영 요금문曜金門 곁의 수구水口로부터 창덕궁昌德宮 금청교로 들어가 단봉문丹鳳門 곁의 수구로 나와서 오고、하나는 창덕궁 후원後苑에서 나와、금청교 선인문宣仁門 곁의 수구로부터 남쪽으로 흘러 제생동濟生洞에서 나와、단봉문 수구의 물길과 합류하며、하나는 회동灰洞、 황참의교黃參議橋를 경유하여 와서 향교동鄕校洞으로부터 파자교把子橋가 되고、대묘동大廟洞에 이르러 단봉문 수구 물길과 합류하여 한가지로 이교二橋로 돌아간다) 오른쪽으로 청녕교靑寧橋의 물길을 지나서(발원은 목멱산 북쪽에서 나와、금위禁衛 남별영南別營으로부터 무침無沈、청녕靑寧 두 다리를 경유하여 온다) 태평교太平橋가 된다(속칭 마전교馬廛橋라고 한다. 영조 때에 구명舊名을 따랐다)。오른쪽으로 어청교於靑橋 물길을 지나고(발원은 목멱산 북쪽에서 나와、쌍이문동雙里門洞으로부터 어청교를 경유하여 온다) 또 동쪽으로 흘러서 왼쪽으로 초교初橋의 물길을 지나서(발원은 반궁泮宮과 흥덕동興德洞에서 나와、동쪽으로 흘러 어의동於義洞 본궁本宮 앞을 경유하고、남쪽으로 흘러 신교新橋를 경유하여 온다) 오간수문五間水門으로 들어오고、성 밖으로 나와 이간수문二間水門 물길을 지나서(발원은 남소문동南小門洞、남변南邊에서 나온다) 영도교永渡橋를 경유하여 차현車峴 동쪽에 이르러、 중랑포中梁浦에 모여(발원은 양주楊州 불곡산佛谷山과 벽석현碧石峴에서 나와、 남쪽으로 흘러 녹양역綠楊驛 송계교松溪橋를 경유하여 남쪽으로 흘러 와서 모인다) 남쪽으로 흘러 살곶이다리箭串橋를 경유하여、서쪽으로 흘러서 한강으로 들어간다.」54)

이상에서 《증보문헌비고》에 나타난 개천의 모습을 상고하였으나, 고종 때 편찬된 《동국여지비고》에도 대략 같은 내용으로 다음과 같이 기록되어 있다.

『개천. 백악산, 인왕산, 목멱산 여러 골짜기의 물 흐름이 합하여 동쪽으로 흘러 도성 한가운데를 가로질러서 삼수구三水口로 나가 중랑포로 들어간다.

○ 발원은 인왕산 백운동白雲洞에서 나와, 동쪽으로 자수궁교慈壽宮橋와 옥류동, 누각동 물길을 경유하고(발원은 인왕산 동쪽에서 나온다), 남쪽으로 흘러 금청교에 모여서(창의궁彰義宮 서쪽에 있다) 종침교를(사직동에 있다) 경유하며, 오른쪽으로(큰 물길이 작은 물길을 합하는 것을 「과過」라고 한다. 이후에도 이에 의방한다) 승전색교를 지나서(발원은 사직 남쪽에 있는 경희궁 북쪽에서 나온다) 송기교에 이른다(적선방積善坊에 있다). 왼쪽으로 북어수교北御水橋를 지나서(발원은 대은암에서 나와, 경복궁 서쪽으로 들어가 경회지의 물과 합하여 금청교 동남쪽을 지나서 남금교南禁橋로부터 온다) 꺾여서 동쪽으로 흘러 삼청동 물길을 지난다. …송기교에서 장통교까지 길이가 칠백예순여덟 보步이고, 너비는 십여 보인데 훈련도감訓鍊都監의 관내가 되고… 장통교에서 태평교까지는 길이가 천백여든한 보이고, 너비는 이십여 보인데 금위영禁衛營 관내가 되며… 태평교에서 영도교까지는 길이가 천백일흔세 보, 너비가 삼십여 보이고, 장경교長慶橋에서 대천大川 길목까지는 길이가 천사백일곱 보, 너비가 십여 보인데 모두

어영청御營廳 관내에 속한다. 차현車峴 동쪽에 이르러 중랑포에 모여(발원은 양주의 불곡산과 벽석현에서 나와, 남쪽으로 흘러 녹양역 송계교를 경유하여 남쪽으로 흘러 와서 모인다) 남쪽으로 흘러 살곶이다리를 경유하여, 서쪽으로 흘러서 한강으로 들어간다.」[55]

라고 하였다. 이상에서 영조 四十七년(一七七〇)부터 약 백여 년 동안 홍문관弘文館에서 찬집纂輯한 관찬서인 《증보문헌비고》와 고종 때 저술된 것으로 전해지는 《동국여지비고》에 나타난 개천의 모습을 대략 고찰하였으나, 이 외에도 《조선왕조실록》, 성종成宗 때 간행된 《동국여지승람》, 영조 때 왕명에 의해 편찬된 《준천사실》, 순조純祖 때 수헌거사樹軒居士에 의하여 저술된 《한경지략漢京識略》, 고산자古山子 김정호金正浩에 의해 편찬된 《대동지지大東地志》와 기타 여러 문집 등 수많은 자료가 있어, 개천 및 교량에 관한 다방면의 연구가 있어야 할 것이다. 다만 《한경지략》의 〈교량〉 조에는, 여러 종류의 다리 이름이 기재되어 있는데, 그 중에서도 광통교에 대한 기록을 보면,

『대광통교. 종루鍾樓 가로街路에 있는데, 돌난간이 있고 경성京城 안에서 이 다리가 가장 크다.』[56]

라고 하였다. 조선조 태종 때 재천도再遷都한 이후, 태종 十년 한 해 동안에 五월, 七월, 八월의 세 차례에 걸친 큰 홍수 피해를 입어, 백성들 가운데 익사한 자가 있었으므로, 의정부에서 아뢰기를,

『광통토교廣通土橋가 비만 오면 곧 무너지니, 청컨대 정릉貞陵[57] 옛터의 대석대石으로 석교石橋를 만들게 하소서.』

하니, 그대로 따랐다[58]고 하였으니, 이 돌다리는 규모 면에서 클 뿐만 아니라, 석교 중 가장 이른 것으로 주목할 점이 매우 많다. 다음으로, 개천을 준설하고 사산을 금호하는 일을 맡았던 준천사와

실제로 그 임무를 관장하였던 삼군문에서 담당 구역을 나누어서 준천한 사실 등, 개천 전반에 대한 사실을 종합적이고도 간명하게 정리한 《증보문헌비고》의 기록을 소개하면서 위에서 언급한 것들을 요약하면,

『이로부터 삼백여 년 동안 한가지로 준천을 소홀히 하고 생각하지

54) 《增補文獻備考》卷二十一、〈輿地考〉九、「山川 開川」條, 『開川 源出仁王山東 慶熙宮北〕至松杞橋 左過北御橋水（源出大隱巖 入景福宮西 合慶會池水 過禁淸橋東南 折而東流 過三淸洞水（源出寺洞水砧洞 至白蓮峯南合流 經長生殿前橋 毛塵橋 英祖庚辰 考出國初舊名 改之以雲從街〕大廣通橋 右過曲橋水（一出木覓山北倉洞 經水閣橋錢都監橋美墻洞東流 東流爲軍器寺橋 東流與水閣橋水合 爲小廣通橋來 一出會賢洞 經銅峴橋與小廣通橋水合 爲曲橋 一出明禮宮 入於曲橋之東〕爲長通橋（舊有廣濟橋 在廣通之東 長通之西 今廢〕左過雲橋水（俗稱鐵物塵 源出大小安國洞〕經水標橋河良橋 右過草塵洞水（源出木覓山之北 由鑄字洞橋來〕又右過部洞水（源出木覓東 由部洞橋來 爲永豐橋（俗稱孝經橋〕東流左過二橋水（一出鷹峰東 由北營曜金門傍水口 入昌德宮禁淸 出丹鳳門傍水口來 一出昌德宮後苑 由禁淸橋宣仁門傍水口 南流經黃參義橋來 與丹鳳門水口水合 一出灰洞濟生洞 由鄉校洞 爲把子橋 至大廟洞 與丹鳳門水口水合 同歸一橋〕 右過靑寧橋水（源出木覓山北 由禁衛南別營 經無沈靑寧二橋來〕爲太平橋（俗稱馬塵橋 英祖朝因舊名 右過於靑橋水（源出木覓山北 由雙里門洞 經於靑橋來〕又東流 左過初橋水（源出泮宮及興德洞 東流經於義洞本宮前 南流經新橋來〕入五間水門 出城外 過二間水門水（源出南小門洞南邊〕 至車峴東 與中梁浦會（源出楊州佛谷山及碧石峴 南流經綠楊驛松溪橋 南流經箭串橋 西流入漢江。』

55) 《東國輿地備攷》卷二、〈山川 開川〉條, 『開川 自岳仁王木覓諸谷之水 合而東流 橫貫都城中 出三水口 而入于中梁浦 ○源出仁王山白雲洞東 經慈壽宮橋與玉流洞樓閣洞水（源出仁王山東）

會南流經禁淸橋（在彰義宮西〕琮琛橋（在社稷洞〕右過（大水合小水曰過 後倣此〕承傳色橋（源出社稷南 慶熙宮北〕至松杞橋（在積善坊〕左過北御水橋（源出大隱巖 入景福宮西 合慶會池水 過禁淸橋東南 由南禁橋來〕折而東流 過三淸洞水… 自松杞橋 至長通橋 長七百六十八步 廣十餘步 爲訓鍊都監字內… 自長通橋 至太平橋 長一千一百八十一步 廣二十餘步 禁衛營字內… 自太平橋 至永渡橋 長一千一百七十三步 廣三十餘步 及自長慶橋 至大川街口 長一千四百七步 廣十餘步 並屬御營廳字內 至車峴東 與中梁浦會（源出楊州佛谷山 及碧石峴 南流 經綠楊驛松溪橋 南流來會〕 南流經箭串橋 西流入漢江。』

56) 《漢京識略》〈橋梁〉條, 『大廣通橋 在鍾樓街路 有石欄 京城內 此橋最大。』

57) 貞陵은, 조선조 太祖의 繼妃 神德王后 康氏의 능이다. 太祖는 동왕 원년(一三九二) 七월 十六일(丙申) 松京 壽昌宮에서 왕위에 오른 지 이십 일 만인 八월 七일에 강씨를 세워 顯妃로 삼았다. 그런데 현비가 太祖 五년(一三九六) 八월 十三일에 薨하니, 동년 九월 二十八일(癸未) 奉常寺에서 존호를 신덕왕후라 하고, 陵號를 「貞陵」이라 의논해서 올렸다. 太祖 六년(一三九七) 一월 三일(丙辰) 신덕왕후를 聚賢坊 곧 皇華坊 北原, 즉 지금의 서울시 중구 정동에 장례하고 「정릉」이라 이름하였다. 太宗 九년(一四○九) 二월 二十三일 지금의 서울시 성북구 정릉동인 당시 경기 楊州 沙乙閑 산기슭으로 遷陵하였는데, 구 정릉의 석물 가운데 병풍석 등은 太宗 十년(一四一○) 廣通橋를 석교로 만들 때 사용하였으며, 그 밖의 석재나 목재들은 太廟를 지을 때 부속재로 사용하였다. 현재의 정릉은 사적 제二○八호로 지정되었으며, 능역 면적은 구만육백여 평이다.

58) 《太宗實錄》卷二十、〈太宗 十年 八月 八日(壬寅)〉條, 『大雨 水溢 民有溺死者 議政府啓 廣通土橋 雨輒圮毀 請以貞陵舊基石 造石橋 從之。』

아니하여 개천이 점점 막혀서 거의 제방과 같게 평평해지니, 장맛비를 만날 때마다 갑자기 범람하는 근심이 있었다. 영조께서 은殷나라의 구도舊都 박亳을 깨끗이 한 고사故事를 써서, 자주 문門에 올라서 여러 사람에게 묻고, 또 친히 유사儒士에게 책문策問을 내어 그 가부可否를 자문하였더니, 준천함이 편하다는 말이 많았다. 영조 三六년 二월 十一일에 이창의, 홍계희, 홍봉한, 민백상閔百祥을 구관당상으로 삼고, 장신將臣인 김성응金聖應, 정여직, 김한구金漢耉、 구선행具善行 등과 함께 감독하게 하였다. 방민坊民을 불러 사흘 동안 부역하게 하고, 부족한 수는 사람들을 고용하여 역사를 마치게 하였더니, 이에 각 방坊의 백성들이 즐기며 다투어 와서 역사하기를 원하고, 가력家力이 조금 넉넉한 자는 혹 백정白丁을 내며, 기내畿內의 승군僧軍도 또한 역사하기를 원하였다. …二월 十八일 계사癸巳에 역사를 시작하여 四월 十五일 기축己丑에 끝냈는데, 시작하여 끝난 것이 오십칠 일이고, 역민役民이 이십만 정丁이었다. 비용은 삼만오천 민緡과 쌀 이천삼백 석이 들었다. 그리고 일을 끝내고는 해사廨舍(관아의 건물)를 세워서 이름을 「준천사濬川司」라 하고, 절목節目을 영구토록 남기게 하였다. 삼공三公은 예에 따라 도제조를 겸하고, 병조판서、 판윤判尹、 삼군문 대장과 비국 당상 備局堂上 일원은 예에 따라 육제조六提調를 겸하게 하며, 삼군문 금송참군禁松參軍을 낭청으로 삼았다. 대천大川은 송기교에서 장통교까지 훈국訓局(훈련도감)에 나누어주고, 장통교에서 태평교까지는 금대禁臺(금위영)에 나누어주었으며, 태평교에서

영도교까지는 어영御營(어영청)에 나누어주고, 그 나머지 세천細川은 한결같이 해당된 영자營字(각 군영, 곧 해당 영營의 담당 관할 지역)에 따라 나누어 맡도록 하였다. 대천에 탈이 있으면 삼영三營이 힘을 합쳐 보수 개축하고, 세천은 각각 그 군문에서 독당獨當하게 하였다. 혹 분천分川(개천을 나눔)한 동쪽과 서쪽에 각각 개천의 역사는 힘을 합하여 수치修治하게 하였다. 개천의 양쪽 둑에는 버드나무를 심고 통나무를 얽어매어 무너지는 것을 방지케 하고, 계사년癸巳年(一七七三년 영조 四十九년)에 이르러 석축으로 고쳤더니 견고하기가 정치精緻하여, 엄연하게 임금이 거처하는 도성으로서의 체모와 형세를 이루었다. 해마다 병조, 금위영, 어영청에는 돈 삼백 냥씩을, 훈련도감에는 돈 백 냥을 획일하게 주어서 수보修補하는 자금으로 삼게 하였다.」59) 라고 하였다.

이상의 〈개천과 준천〉에서 조선조 오백 년 동안 도성 한가운데를 가로질러서 흐르는 개천과 준천 공역에 관계된 문화적 역사적 변천에 관한 이모저모를 대략 고찰하였거니와, 이 책 맨 앞에 첨부한, 영조 二十七년(一七五一)에 간행된 《수성책자守城冊子》에 실려 있는 〈도성삼군문분계지도都城三軍門分界之圖〉를 통해 개천의 모습, 대천, 세천, 각종 교량과 사산, 그리고 궁궐, 종묘, 성곽, 도로 등의 위치까지도 이해하는 데 도움이 되기를 바란다.

이번에 서울특별시가 내놓은 청계천 복원 공사 안을 보면, 지난

이○○三년 七월에 착공하여 二○○五년 十二월말 완공 예정이며, 공사 구간은 세종로 동아일보사 앞에서 신답 철교까지 五·八四킬로미터라고 한다. 이 시점에서 지난 二○○三년 三월 한 일간지에 게재된, 서울시 외국인 자문위원으로 있다는 한 외국인 회사 사장의 글60)은 청계천 복원 공사와 관련하여 큰 시사점을 던져 준다. 그는 청계천 복원 사업이 한국의 전형적 개발사업처럼 너무 「빨리빨리」 진행되는 것이 아닌가 염려하고 있는데, 나는 이 말에 공감하면서, 서울이 동북아의 중심 도시가 되기 위해서는 경제와 산업의 영향 관계, 도시계획과 환경의 밀접한 영향 관계 등 여러 가지 면에서 좀더 심도있게 분석한 뒤에, 천문학적 경비 요소를 감안하여 너무 서두르지 말고 완벽한 준비를 더하면서 우리의 전통문화와 어우러진, 다시 말하면 역사성, 예술성, 조형성, 기능성 등을 다양하게 조화시켜 전통과 현대가 함께 숨쉬는 청계천 복원 공사가 될 수 있도록 심혈을 기울여야 할 것이며, 이천 년의 고도古都 아름다운 도시 「서울」을 이 기회에 다시 건설하고 또한 가꾸어 나가야 할 것이다.

59) 《增補文獻備考》卷二十一, 〈輿地考〉九, 「山川 開川」條. 『自是三百餘年 幷疏濬不以爲慮 川漸壅閼 幾與堤平 每値霖潦 輒有汎濫之患 英祖用耿毫故事 屢臨門詢衆 又親策儒士 諮其可否 多言濬之便 歲庚辰 以李昌誼洪啓禧洪鳳漢百祥 爲勾管堂上 與將臣金聖應鄭汝稷金漢耆具善行等 並令監董 募坊民赴役三日 未足之數 雇人竣役 於是坊民歡聳 爭來願役 家力稍裕者 或出屢百丁 畿內民庶納亦多願赴… 二月癸巳始役 四月己丑訖 首尾五十七日 役民二十萬丁 費錢三萬五千緡 米二千三石 而竣事建廟 名曰濬川司 成節目以垂永久 三公 例兼都提調 兵判判尹三軍門大將及備局堂上一員 爲例兼六提調 以三軍門禁松參軍 爲郎廳 大川 則自松杞橋 至長通橋 訓局分授 自太平橋 至永渡橋 禁營分授 其餘細川 則一從該營字內而次知 大川有頹 則三營合力修改 細川 則各其軍門獨當 或有分川之東西 而各修處 岸役各自當之 川傍兩岸 植柳編結 以防壞決 至歲癸巳 改用石築 牢固精緻 儼成王居之體勢 每年兵曹及禁御兩營 錢各三百兩 訓局 錢一百兩割給 以作修補之資.』

60) 미셸 캉페아뉘, 〈청계천 복원도 빨리빨리 할 건가요〉 《동아일보》, 二○○三. 三. 二八. 『서울시가 청계천을 복원한다고 한다. 복원 후의 아름다운 청사진도 제시했다. 서울에 오랜 기간 근무한 외국인으로서 기대감이 자못 크다. …다만 염려되는 것은 청계천 복원 사업이 한국의 전형적 개발사업처럼 너무 「빨리빨리」 진행되는 것이 아닌가 하는 점이다. …서울 외관의 각종 난개발과

시화호 사업 등에서 알 수 있듯이 철저한 계획이나 세부적인 검토 없이 시행된 대규모 개발사업은 경제적 손해뿐 아니라 사회적으로도 골칫거리로 남을 수 있다. 스페인의 상징이 되다시피 한 바르셀로나의 사그라다 파밀리아 교회와 프랑스의 신도시 라데팡스의 공통점은 완성되기까지 엄청난 시간과 노력이 투여됐다는 점이다. 안토니오 가우디가 설계한 사그라다 파밀리아 교회는 一八八二년에 착공해 백여 년이 지난 지금도 공사가 진행 중이다. 천오백여 기업체가 입주한 신도시 라데팡스가 처음 기획된 것은 오십 년 전이며 개발 계획을 입안하는 데만 육 년, 도시의 외형을 갖추는 데는 삼십 년 이상 걸렸다. 유럽에 가 보면 수백 년에 걸쳐 완공시킨 건축물이나 도시를 쉽게 만날 수 있는데, 이들은 장기적 계획과 추진 덕에 오랜 세월 뒤에도 변함없이 사람들의 사랑을 받으며 세계적 유산으로 대물림되고 있다. …도심에 거대한 생태환경을 조성하고 비즈니스 센터를 만드는 것은 누구나 환영할 만한 일이다. 그러나 이번만은 너무 서두르지 말고 논의와 협의를 거쳐 좀더 완벽한 준비를 한 다음 시행하는 것은 어떨까. 한국민과 한국 정부는 한국을 동북아의 허브로 좀더 적극 추진하고 있다. 동북아에서 한국의 지리적 위치와 한국민의 역량을 보면 얼마든지 가능한 일이다. 그렇다면 서울은 서울 시민만의 도시가 아닌 동북아의 중심 도시가 될 것이다. 서울이 비즈니스의 중심뿐 아니라 환경 면에서도 아름다운 도시로 거듭나려면 철저한 계획과 사전 준비에 좀더 심혈을 기울여야 하지 않을까.』

참고문헌

사전

金平卓 編著、《建築用語大辭典》、技文堂、一九八二。

段玉裁 注、《說文解字注》、臺北：藝文印書館、中華民國六十八年(一九七九)。

법제처、《古法典用語集》、法制資料 第一一〇輯、법제처、一九七九。

세종대왕기념사업회、《한국고전용어사전》 一~五、세종대왕기념사업회、二〇〇一。

이상은 감수、민중서관 편집국、《漢韓大字典》、민중서림、一九六六。

이희승 편저、《국어대사전》、민중서림、一九八二。

諸橋轍次、《大漢和辭典》(縮寫版)、東京：大修館書店、昭和四十一年(一九六六)。

中文大辭典編纂委員會、《中文大辭典》、臺北：中國文化大學出版部、中華民國六十二年(一九七三)。

漢語大詞典編輯委員會、《漢語大詞典》、上海：商務印書館 上海印刷廠、一九九〇。

고전

고려대학교 민족문화연구소、《國譯大典會通》、고려대학교 민족문화연구소、一九六〇。

국사편찬위원회 편、《高宗純宗實錄》(영인본) 전三권、탐구당、一九七〇。

국사편찬위원회 편、《承政院日記》(영조~고종、영인본)、탐구당、一九七二。

국사편찬위원회 편、《朝鮮王朝實錄》(태조실록~철종실록、영인본) 전四十九권、탐구당、一九八四。

동국문화사 편、《增補文獻備考》(영인본) 三책、동국문화사、一九七五。

문화부 문화재관리국、《東闕圖》、문화부 문화재관리국、一九九一。

민족문화추진회、《嘉禮都監儀軌》(영조·정순왕후、국역본)、민족문화추진회、一九九七。

민족문화추진회、《萬機要覽》(국역본) 三책、민족문화추진회、一九七一。

민족문화추진회、《新增東國輿地勝覽》(국역본) 七책、一九六九~一九七〇。

민족문화추진회、《韓國文集叢刊》 一~三〇〇(영인표점)、민족문화추진회、一九八七~二〇〇一。

민족문화추진회、《親耕親蠶儀軌》(국역본)、민족문화추진회、一九九九。

법제처 편、《國朝五禮儀》(국역본) 五책、법제처、一九八二。

서울대학교 규장각 편、《經國大典》(영인본)、서울대학교 규장각、一九九七。

서울대학교 규장각 편、《己丑進饌儀軌》(영인본)、서울대학교 규장각、一九九六。

서울대학교 규장각 편、《大典會通》(영인본)、서울대학교 규장각、一九九七。

서울특별시사편찬위원회 편、《東國輿地備攷》(인쇄본)、서울특별시사편찬위원회、一九五六。

서울특별시사편찬위원회 편、《北漢誌》(국역본)、서울특별시사편찬위원회、一九九四。

서울특별시사편찬위원회 편、《濬川事實·舟橋指南》(필사영인본)、서울특별시사편찬위원회、一九五六。

서울특별시사편찬위원회 편、《漢京識略》(필사본)、서울특별시사편찬위원회、二〇〇一。

성균관대학교 대동문화연구원 편, 《經書》(大學·論語·孟子·中庸, 영인본), 성균관대학교 대동문화연구원, 一九六五。

세종대왕기념사업회, 《增補文獻備考》(국역본) 四十책, 세종대왕기념사업회, 一九七八~一九九五。

李海哲 譯註, 《營造法式》, 국토개발연구원, 一九八四。

宋首炅 標點, 《標點·索引) 小微通鑑節要全》, 뿌리文化社, 一九九九。

한국정신문화연구원, 《譯註經國大典》(국역본), 한국정신문화연구원, 一九八五。

한국정신문화연구원, 《栗谷全書》(국역본), 한국정신문화연구원, 一九八四。

《後漢書集解》《二十五史》五(乾隆武英殿刊本影印), 臺北：藝文印書館印行。

단행본

강신항·이성미·유송옥, 《藏書閣所藏 嘉禮都監儀軌》, 한국정신문화연구원, 一九九四。

高裕燮, 《餞別의 瓶》, 通文館, 一九五八。

구상, 《우리 삶, 마음의 눈이 떠야》, 세명서관, 一九九五。

金瑢俊, 《近園隨筆》, 을유문화사, 一九四八。

金元龍, 〈李朝의 畫員〉《鄉土 서울》 제十二호, 서울특별시사편찬위원회, 一九六一。

《朝鮮時代 即位儀禮와 朝賀儀禮의 研究》, 문화재관리국·고려대학교 민족문화연구소, 一九九六。

박정혜, 《조선시대 궁중기록화 연구》, 일지사, 二〇〇〇。

朴興秀, 《李朝尺度基準으로서의 現水標의 價值》, 성대부설 과학기술연구소, 一九七五。

朴興秀, 《韓·中度量衡制度史》, 성균관대학교 출판부, 一九九九。

서울특별시사편찬위원회, 《서울 육백년사》 제一권, 서울특별시사편찬위원회, 一九七七。

서울특별시사편찬위원회, 《서울 육백년사》 제二권, 서울특별시사편찬위원회, 一九七八。

서울특별시사편찬위원회, 《서울 육백년사: 文化史蹟篇》, 서울특별시사편찬위원회, 一九八七。

서울특별시 청계천복원추진본부, 《청계천의 역사와 문화》, 서울특별시 청계천복원추진본부, 二〇〇二。

세종대왕기념사업회, 《세종문화사대계》 一~五, 세종대왕기념사업회, 二〇〇一。

이동주, 《韓國繪畫小史》, 서문당, 一九七二。

이성무, 《조선왕조사》 一·二, 동방미디어, 一九九八。

李哲源, 《舊皇室財產事務總局, 一九五四。

全相運, 《韓國科學技術史》, 정음사, 一九七五。

조승원·조영무, 《韓式木造建築設計原論》, 민음사, 一九八一。

黃壽永, 《韓國의 美》, 을유문화사, 一九七〇。

찾아보기

이 해철李海哲은 一九三四년 서울 출생으로, 성균관대학교 동양철학과를 졸업하고, 동대학원에서 석사학위를 받았다. 一九六一년 성균관대 문리과대학 조교를 시작으로, 성균관대 등을 一九九九년까지 출강하였고, 십여 년 간 성균관대 유학대학 총동문회장을 역임하였다. 一九六九년부터 세종대왕기념사업회 국역위원, 상무이사 겸 사무국장을 거쳐, 현재 세종대왕기념관 관장, 세종대왕기념사업회 부회장으로 재직 중이며, 재단법인 한국겨레문화연구원 이사, 외솔회 이사 등을 맡고 있다. 우리의 수준 높은 옛 문헌을 국역하여 우리 말글을 널리 펴는 데 이바지해 왔다. 논지로 〈남북한 《조선왕조실록》 및 《리조실록》 국역 현황〉(一九九二), 《《조선왕조실록》 추진 과정〉(一九九五), 《世宗大王について〉(일본어판, 一九九七), 〈세종시대의 철학과 과학사상〉(一九九八), 《세종시대의 국토방위》(一九九三)가 있고, 공저로 《세종문화사대계》 一—五(二○○一)가 있으며, 국역서로 우리나라 최초의 국역서인 《소학》(一九七二)을 비롯하여 《영조법식》 一—二(一九八四), 《세종장헌대왕실록》(一九六八, 공역) 등 여러 실록, 《증보문헌비고》(一九七九, 공역) 등이 있다.

청제청을 가꾸다   李海哲 編著

初版發行 ——— 二○○四년 六월 十五일
發行人 ——— 李起雄
發行處 ——— 悅話堂
　　　경기도 파주시 교하읍 문발리 520-10 파주출판도시
　　　전화 (031)955-7000 팩시밀리 (031)955-7010
　　　http://www.youlhwadang.co.kr
　　　e-mail: yhdp@youlhwadang.co.kr
登錄番號 ——— 제一○—七四호
登錄日字 ——— 一九七一년 七월 二일
編輯 ——— 조윤형·노윤례
북 디자인 ——— 공미경
製作 ——— 조중협
印刷 ——— 홍일문화인쇄
製冊 ——— 가나안제책

값은 뒤표지에 있습니다.

ISBN 89-301-0078-3

Published by Youlhwadang Publisher
© 2004 by Lee, Hae Chul
Printed in Korea